无伤痛跑步

冉令军 主 编

清华大学出版社
北京

内 容 简 介

跑步最高的境界,是可以无伤痛跑到老。本书详细地介绍了跑步过程中遇到的损伤与康复方法,全面而科学地为跑步爱好者制定了一套系统的跑步损伤预防与康复方法。

全书共分为五章,涵盖了了解身体、身体评估、运动过度、运动疲劳、运动猝死、跑步膝、跟腱炎、髂胫束摩擦综合征、足底筋膜炎、肌肉拉伤等内容。根据不同的损伤部分,详细阐述了损伤发生的机制、预防与康复手法,目的是让广大跑步者了解跑步损伤,积极预防运动损伤,达到健康跑步的目的。

本书图文并茂,秉承了身体理论知识与康复方法相结合的特点,从技术、基础理论以及康复手法三个角度帮助读者掌握跑步损伤预防与康复方法。其内容简单易懂、结构清晰、实用性强、康复方法经典,适合于跑步爱好者、健步走者、徒步者、大中院校师生及健身培训人员使用,同时也是健身爱好者的必备参考书。

本书封面贴有清华大学出版社防伪标签,无标签者不得销售。

版权所有,侵权必究。举报:010-62782989,beiqinquan@tup.tsinghua.edu.cn。

图书在版编目(CIP)数据

无伤痛跑步 / 冉令军主编. —北京:清华大学出版社,2021.11
ISBN 978-7-302-59462-8

Ⅰ. ①无⋯ Ⅱ. ①冉⋯ Ⅲ. ①跑—健身运动—基本知识 Ⅳ. ①G822

中国版本图书馆CIP数据核字(2021)第217239号

责任编辑:陈立静
封面设计:杨玉兰
责任校对:周剑云
责任印制:曹婉颖

出版发行:清华大学出版社
网　　址:http://www.tup.com.cn, http://www.wqbook.com
地　　址:北京清华大学学研大厦A座　　**邮　　编:**100084
社 总 机:010-62770175　　**邮　　购:**010-62786544
投稿与读者服务:010-62776969, c-service@tup.tsinghua.edu.cn
质量反馈:010-62772015, zhiliang@tup.tsinghua.edu.cn

印 装 者:北京嘉实印刷有限公司
经　　销:全国新华书店
开　　本:170mm×240mm　　**印　　张:**12.25　　**字　　数:**196千字
版　　次:2021年11月第1版　　**印　　次:**2021年11月第1次印刷
定　　价:58.00元

产品编号:086942-01

编 委 会

主编：冉令军

编委：

陈雅琼（冉冉运动康复　摔跤、帆船、高尔夫等世界冠军康复师）

韩艺玲（冉冉运动康复　首都体育学院特聘讲师）

罗　婷（北京体育大学运动康复学士　前河南游泳队特聘康复师）

赵泽源（北京体育大学运动康复学士　美国HYPERICE肌筋膜技术培训师）

胡盼盼（冉冉运动康复　2019篮球世界杯赛事保障康复师）

高健翔（冉冉运动康复　美国HYPERICE肌筋膜技术培训师）

推 荐 语

跑步已成为一种时尚的健身运动方式。如果你希望学习和掌握正确的跑步技术、如果你希望减少跑步过程中的伤病、如果你希望提高跑步成绩、如果你需要合理备战马拉松、如果你希望通过跑步获得健康、如果希望在跑步中获得很多快乐、如果你想把跑步终身坚持下去，这套丛书就是你必备的跑步指南。

——王安利（中华医学会运动康复学院副院长，
北京体育大学运动医学与康复学院前院长）

近年来，越来越多的人开始享受跑步的乐趣，这项运动已经成为许多人日常生活的一部分。要想成为一名理性的成功跑者，尊重科学、系统掌握跑步知识至关重要。这些技能可以让我们避免伤病、提高训练效率、提升运动水平，让我们跑得更安全、更长久、更开心。这套丛书从运动科学的角度，系统地介绍了跑步的相关知识，相信能够给您带来许多有益的帮助！

——白雪（2009年柏林世锦赛马拉松冠军）

此书非常全面地解读了跑步这项运动，从技术到营养、从训练到康复，多角度、多维度地指导跑者如何科学、高效地参与到跑步这项运动中。

——王丽萍（2000年悉尼奥运会竞走冠军，北京体育大学国家级竞走教练，
王者传奇体育创始人）

我们身边已有很多人用实实在在的变化证明了跑步对身心健康的巨大好处,也有很多人经历了不知道怎么跑、担心受伤、受伤了就不敢再跑的困扰。如果想了解自己的身体,科学制订跑步计划,享受跑步的乐趣,避免受伤,那就应该读一读这套书!

——路一鸣(央视《今日说法》栏目前主持人,创新奇智合伙人,EMBA戈壁挑战赛跑者)

当"锻炼战疫"成为健康生活新常态时,参与到跑步锻炼中的人越来越多,但初跑者通常缺少专业指导。而这套丛书仿佛让大家找到了身边的教练和队医,从而确保我们可以健康长久地跑下去!这套书将让大家受益终身!

——卞大巍(北京合众厚生投资管理有限公司、北京翰合资本董事长,马拉松达人)

没有伤痛,才能快乐地奔跑一辈子!

——周航(科技投资人,顺为资本投资合伙人,原易到用车创始人,跑步爱好者)

前　言

最好的药物就是免疫力。

2020年，是最难忘的一年，原本红红火火的春节在新冠肺炎的影响下，突然按下了暂停键，"百毒不侵""平安""健康"等词语成为今年春节的问候语。

在这场没有硝烟的战争中，我们唯一期盼的是健康。这场战争，没有一个人是局外人，没有一个人不站在这硝烟中。

奔赴在一线的钟南山院士等专家指出，体育运动对防治新冠肺炎有积极作用。

运动是一把双刃剑。科学合理的运动，不仅可以强身健体，还可以避免损伤。我从小喜欢运动，2007年第一次参加北京马拉松，从那以后对跑步的喜爱一发而不可收，连续多年参加马拉松和越野赛。每次跑完后，感觉身与心达到合一的轻松。然而，2009年因为运动过多，膝盖和肩膀都出现疼痛，不得已停止了运动。但是，对于有运动习惯的人来说，不运动总感觉身体不对劲，总想运动。那时正值学习运动康复专业课，就按照学习的知识给自己进行康复，没想到竟然一个多月就好了，能重新恢复跑步、打球了。后来也养成了很好的运动习惯，运动前热身，运动后放松，再也没有出现过损伤。从那以后我对运动康复的理解越来越深，也越来越喜欢。通过简单的动作或者小方法就能解决问题，对于像我这样的运动损伤人群太实用了。

2014年，随着全民运动的热潮来袭，很多人开始动起来了，热衷于跑步的人数直线上升。根据国家体育总局田径运动管理中心的数据推算，目前我国的跑步人口（非马拉松比赛人数）已经接近三亿人，规模非常巨大。然而，跑步运动的损伤当前发病率为10%~20%，并且逐年升高。随着马拉松比赛在国内的开展，跑步运动吸引了越来越多的人参与，运动损伤也越来越多。

跑步最高的境界，就是能够健康地跑一辈子。

但是，我遇到非常多的跑者，跑步即使出现了疼痛，依然坚持参加比赛。这一固执可能导致关节磨损加重，一辈子都不能跑步。所以，当出现疼痛或者不适的时候，一定要正视自己的运动习惯与方式。

倡导科学运动，促进全民健康，知识普及非常关键。自从离开国家队，我更专注于全民健身，让大众能够享受到奥运冠军般的运动康复技术。

跑步，需要培养科学的运动习惯，知道如何防治运动损伤。

跑步，体能是基础，不仅可以提升跑步成绩，还能预防运动损伤。

跑步，运动模式决定了跑步的效率和速度，而运动模式就是我们说的跑姿。

因此，我撰写了《跑步圣经——国家队教练教你完美跑姿》《无伤痛跑步》《跑步圣经——国家队教练教你跑得更快》系列内容，让更多的跑友科学、健康地动起来。

跑步是最简单的一项全民运动项目。健康中国，就从跑步开始吧！

编　者

第一章
你了解自己的身体吗

第一节　人体的承重墙——骨骼 / 3
第二节　人体运动的轴——关节 / 7
第三节　人体运动的动力——肌肉 / 13
第四节　人体运动的加油站 / 16
第五节　人体跑步的发动机 / 21

第二章
跑步前给身体做个检查

第一节　跑步对身体有哪些好处 / 28
第二节　跑步前需要做的身体评估 / 32

DIRECTORY

第四章
跑步路上的拦路虎——损伤疼痛

第一节　急性损伤，千万不要耽误康复的最佳时机 / 82
第二节　脚踝扭伤别紧张，几个步骤就搞定 / 90
第三节　肌肉拉伤别乱跑 / 93
第四节　慢性损伤，是运动的天敌 / 99

第三章
跑步常见问题

第一节　你运动过度了吗 / 38
第二节　你经历过延迟性肌肉酸痛吗 / 46
第三节　千万别让肌肉罢工 / 51
第四节　运动疲劳是怎么形成的 / 56
第五节　跑步晕厥是怎么回事 / 64
第六节　跑步肚子疼是怎么回事 / 70
第七节　运动"猝死",你敢忽视吗 / 75

第五章
女性跑者需要知道的两件事

第一节　跑步对月经的影响 / 180
第二节　如何选择合适的运动文胸 / 181

第五节　你的关节"膝"牲了吗——跑步膝 / 104
第六节　隐藏在膝盖周围的杀手——髂胫束摩擦综合征 / 117
第七节　小腿前侧硬如钢,小心引发胫前疼痛 / 126
第八节　跑步小腿疼是怎么回事 / 131
第九节　"阿基里斯腱"之痛——跟腱炎 / 139
第十节　足弓不能承受之重——足底筋膜炎 / 150
第十一节　跑步肩疼折磨人 / 159
第十二节　跑步腰痛,你经历过吗 / 168
第十三节　神奇贴布,做好疼痛防治 / 175

第一章
你了解自己的身体吗

人体是一个熟悉又陌生的整体，熟悉是我们每天的生活都需要身体参与，陌生是我们并不了解微笑与流泪、睡眠与饮食、举胳膊与迈开腿背后是什么组织器官在参与，又起到了什么作用。

人体是一个具有生命活动功能的整体，由不同的组织、器官组成的庞大而复杂的结构，不同的组织结构负责不同的功能，互相协调，保证我们的生活。人体由九大系统组成，即运动系统、消化系统、呼吸系统、泌尿系统、生殖系统、内分泌系统、免疫系统、神经系统、循环系统，这些系统各司其职，又相互配合。

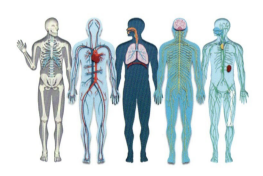
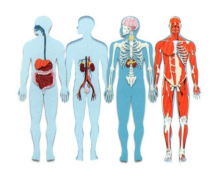

跑步，是人类非常普遍的一项运动。跑步，需要运动系统中的骨骼、关节、肌肉作为执行者，完成双腿的交替动作；同时需要保障系统提供供给，所谓"兵马未动，粮草先行"，比如消化系统、呼吸系统、泌尿系统和心血管系统；同时又需要协调者协调各系统，像是指挥部，指挥我们完成跑步，包括神

经系统、感觉系统和内分泌系统。

跑步，原来还有这么多学问，在进行跑步前不妨先了解一下人体，指导我们更科学更安全地跑起来。下面我们从几个方面介绍与跑步关系密切的组织结构。

第一节
人体的承重墙——骨骼

好比房屋有木梁，人体也有它的"框架结构"——骨骼。骨骼除了构成骨架，维持我们的身体姿势以外还具有保护功能，即保护内部器官。比如颅骨保护大脑，肋骨保护胸腔，脊柱也可以保护脊髓、神经等。另外，它还是矿物质的储藏仓，丰富的钙、磷物质由骨骼贮存；更是人体的造血厂，骨骼的组成部分之一骨髓可通过造血作用制造红细胞、白细胞；同时它还是人体重要的免疫屏障。于跑步而言，骨骼充当的重要角色主要是运动，提供各软组织的附着点，与肌肉协作构成杠杆系统，产生并传递力量，从而使得我们的身体运动起来。

那究竟是什么促使骨骼具有这么重要且全面的功能呢？

从结构上看，骨骼主要由骨膜、骨质、骨髓三部分构成。骨膜是指覆盖在骨表面的结缔组织，薄状、韧性足，通常呈白色，里面包裹着丰富的血管和神经，主要作用是为骨质提供营养。同时，骨膜内还含有成骨细胞，当骨折或是骨受伤时能促进受损骨组织的愈合和再生。骨质分为骨密质与骨松质。例如股骨（俗称长腿骨）：中间段主要分布着坚硬的骨密质，而两端则为骨松质，多孔、疏松。相信啃过棒骨的读者此时都能回忆起那股"嚼劲儿"。骨骼内容物——骨髓主要存在于骨中央的骨髓腔中，外有坚硬的密质骨保护。

单从结构来讲，似乎一切都预示着我们的骨骼是一个无比坚硬的器官，然而事实真是如此吗？显然，答案是否定的。要不何来抗张力一说呢？

究其原因，这就得从骨骼的组成成分说起。概括而言，人体的骨骼是由有机物、无机物和水组成的。有机物主要是蛋白质，使骨具有一定的韧性；而无机物主要是钙、磷等矿物质，以保证骨骼的硬度；最后，水分填充其中。"刚柔并济"这一特点使得骨骼既有韧度又不乏硬度，只是在各年龄阶段，相应物质所占的比例有所不同而已。比如在生长期（青少年及幼年），骨内有机物含量的比例就占大部分，因此这个时期的骨骼柔韧度、可塑性就比较高；反观老年人，随着年龄的增长，骨、关节都在逐渐退化，此时无机物的含量将越积越多。众所周知，骨骼一旦过于坚硬，也就预示着脆性增加。这也解释了为什么骨折、骨质增生等病好发于老年人中。

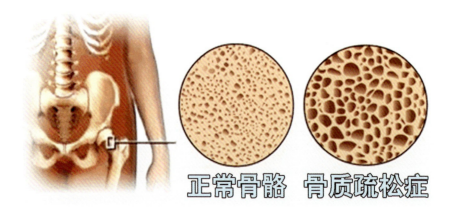

正常骨骼　骨质疏松症

第一章
你了解自己的身体吗

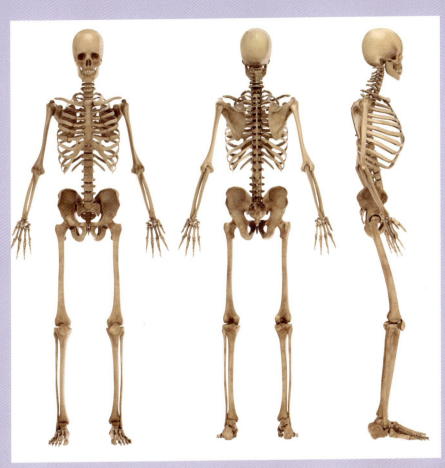

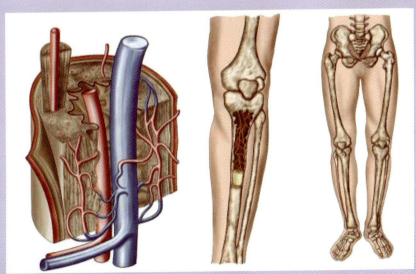

和人的一生需要经历的各个阶段类似，我们的骨骼也得历经"成长、强健、退化"三个生理过程。那在整个生命进程中，我们该如何保养自己的骨骼呢？

1 活到老，运动到老

如果你还认为运动只是年轻人的专利，老人只需清闲休息就大错特错了！有研究表明，有长期运动习惯的老年人骨折的风险比不运动的老年人低了整整60%！这足以见得运动对于骨骼健康的重要性。但需要注意的一点是：运动仍需适量、适时。无论青、中、老年人群，选择适合自己的运动项目以及适量、不过度的运动强度至关重要。

2 营养补给要跟上

若说倒回60年别谈营养，吃饱就不错了，如今相信绝大多数人都有能力吃好。那么如何吃才能强壮骨骼呢？补钙。补钙可不是等到缺乏了才想起来，而是从一开始、从每天就得做起。常见的含钙丰富的食物包括鸡蛋、牛奶、大豆、瘦肉等，保证每天800~1000mg的摄入量即可。除了通过饮食直接补钙以外，我们还需注意的一点是——补充"加油站"维生素D的含量。因为它能更好地帮助肠道吸收钙，同时还能减少肾脏中钙的流失。

3 拒绝有害因子

谨忌"高危"因素：碳酸饮料；青少年时避免过度负重；尽可能避免暴力冲撞。

第二节
人体运动的轴——关节

第一节我们谈到了人体最基本的运动器官——骨，这一节我们再来说说骨与骨之间一个特别的传动装置——关节。之所以称为传动装置，主要是由于它让骨骼之间的结合更加紧密，在运动时展现出更流畅的动作，同时能够保护骨，使其免受巨大的负荷与冲击。人体骨骼形态各异，相应地，各个关节也是各式各样。但"万变不离其宗"，根据骨骼之间连接组织的结构不同，我们可以将关节分为以下三类。

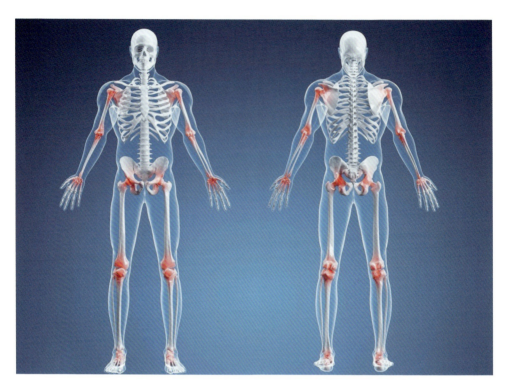

第一类是纤维性关节,也叫作不动关节。

在这类关节中,骨与骨通过致密结缔组织进行连接。连接方式决定了这一类关节不能进行活动,比如我们头部的八块颅骨就是这样的结合方式,相互嵌入、严丝合缝。这也和颅骨的稳固功能一致,试想一下,如果颅骨之间都能运动起来了,那脑髓还能安稳无恙吗?

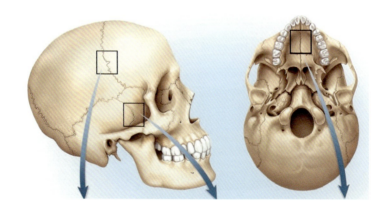

第一章 你了解自己的身体吗

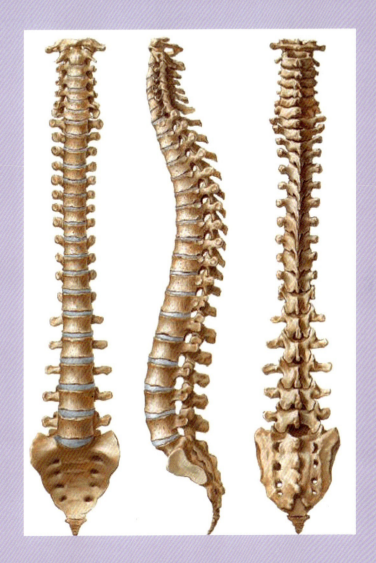

第二类关节是软骨关节,又叫作微动关节。

这类关节的活动范围有限,只能进行小幅度的活动。"麻雀虽小,五脏俱全",这一类关节在日常生活中同样扮演着重要角色。比如每块脊椎之间的关节就是软骨关节,说到这儿,有的朋友会有疑问,都已经说了是微动关节,为什么平时看起来我们的脊柱可以在很大范围内活动呢?这是因为人体有26块椎骨,这些椎骨运动的叠加最终形成了我们看到的大幅度屈伸。

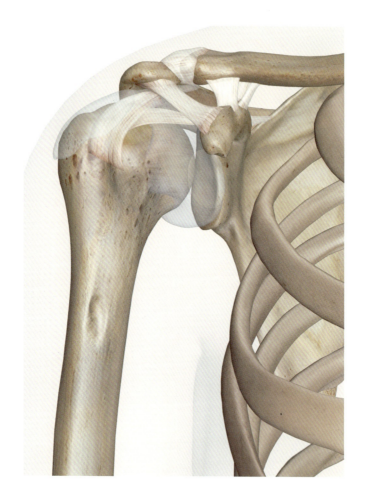

第三类是我们要重点了解的一种类型——滑囊关节，也叫作可动关节。

这类关节没有关节盘，或是有残存的软骨盘（例如我们膝关节当中的半月板）用于填补关节面之间不对称的地方。顾名思义，这一类关节周围有滑囊包裹，同时可以进行大范围的运动。下肢各个关节当中，髋关节、膝关节、踝关节以及足趾的关节都是滑囊关节。在我们的运动当中，滑囊关节起到了决定性的作用。滑囊在包裹骨时会形成一个腔隙，解剖学上将这个腔隙称为关节腔。关节腔的存在不仅为滑囊关节进行大范围的运动奠定了基础，同时关节腔内布满了由自身形成的滑液。各位跑友们，可千万不能小看了这些滑液，这些滑液可以保证骨与骨之间的运动能在磨损最小的情况下进行；在奔跑、落地的时候，这些滑液还可以吸收各种冲击力。以跑步为例，如果没有这一类的关节存在，我们将无法完成蹬地、迈步、前进的运动。就算能够完成运动，没有滑囊关节的存在，下肢各关节处将承受多达3~5倍自身重量的冲击。长此以往，关节将严重受损，到头来，本能放肆奔跑的我们，却只能在轮椅上形影相吊。相信各位跑友在看完这段文字后会对我们的滑囊关节肃然起敬，没有它们的存在就没有我们协调、完美的运动能力。

那么关于滑囊关节我们还需要了解哪些呢？

首先来了解滑囊关节在我们运动时是如何保持稳定的吧！一般来说，关节仅靠自身的结构是无法应对运动中甚至是静止时的稳定的，所以我们聪明的人体生长出了很多结构来帮助关节稳定下来。这些稳定装置分为两大类，一类是在静止时保持稳定的结构——静态稳定结构，主要由韧带、软组织构成；另一类是在运动中保持稳定的结构——动态稳定结构，一般由关节周围的深层稳定肌构成。对于广大跑友来说，跑步时动态稳定结构就显得格外重要了，一旦起稳定作用的深层稳定肌没有按时"启动"，损伤的风险就会陡增。所以在热身时一定不要忽略对这些小肌群的激活，以及平时的力量训练噢！这些内容我们会在之后的章节有所提及，在这里就不赘述了。

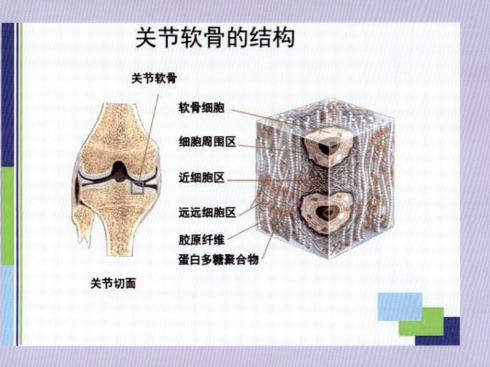

滑囊炎——滑囊炎的炎症

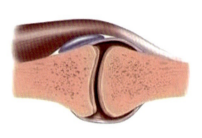
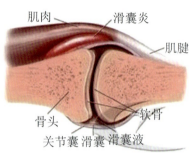

正常状态　　　　　　　　炎症状态

如果关节稳定性这么好的话，那何来运动一说呢？我们不得不提关节的另一个特性——柔韧性。柔韧性对于一个关节的重要程度不言而喻，没有柔韧性我们就无法在奔跑时达到完美的步幅，甚至无法释放出应有的肌肉力量。每天进行的伸展性训练会维持、提高我们的柔韧性，同样在跑步、训练之后的伸展会加快肌肉中乳酸的代谢。除此之外，我们利用伸展训练，还可以重塑可能出现排列紊乱的肌纤维。

最后希望通过这一节的内容，让各位跑友对于关节有一个全新的认识，希望大家能够站在不同的角度来看待关节。

第三节
人体运动的动力——肌肉

形象地说,骨骼在运动中充当杠杆,关节扮演枢纽的角色,那么肌肉呢?肌肉负责连接这二者。在运动系统中,肌肉的角色是动力器官。如果没有肌肉的收缩,骨骼杠杆系统便会无力、瘫痪,关节的枢纽作用更是无从谈起。

作为最重要的运动器官之一,肌肉在人体的各个部位均有分布,数量也极其惊人,各种形状、功能的肌肉高达600多块。每块肌肉约由60亿条肌纤维组成,其中最长的肌纤维有60厘米。肌肉的重量也不尽相同,大块肌肉像我们的股四头肌约有两千克重,小的肌肉仅有几克重量。全部肌肉的重量占人体总重的30%~45%。但是经常运动的跑友们,身体成分会发生改变的噢!随着锻炼的进行,体内脂肪的占比会逐渐下降,这时候如果结合适量的力量训练,会让我们的肌肉占比逐渐上升!

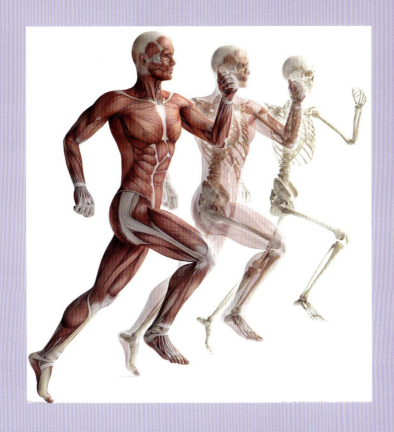

虽然肌肉的形状、种类、功能各有差异，但是解剖学家们还是通过不懈的努力将肌肉按照结构和功能分成了三类。

1 平滑肌

平滑肌主要分布在人体的内脏器官中，又称内脏肌，消化系统、血管、膀胱、呼吸道和女性的子宫当中都可以发现平滑肌的"身影"。平滑肌能够长时间地维持较高的张力。由于平滑肌一般接受不随意神经（不随意的意思就是不能随着意识进行运动）的支配，所以平滑肌不能自主地进行收缩。

2 心肌

顾名思义，心肌就是心脏的肌肉。心肌在人体中只存在于心脏，其最大的特点就是具有超好的耐力以及坚固性。心肌同样属于不随意肌，特化的心肌细胞能够使心脏有节律地搏动。

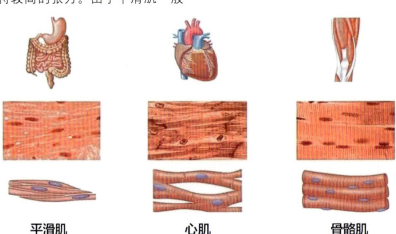

平滑肌　　　　　心肌　　　　　骨骼肌

3 骨骼肌

骨骼肌是本节的重点内容，它除了在运动中扮演动力器官的作用外，更重要的是骨骼肌属于随意肌肉，一旦大脑神经发出指令，骨骼肌就会随之产生相应的动作。

骨骼肌的肌纤维呈圆柱状，每个肌纤维都有多个乃至几百个细胞核。结缔组织形成的背膜构成了肌外膜（富含血管和神经）。进一步把骨骼肌拆开来看，骨骼肌由肌腹与肌腱组成。肌腹主要承担了收缩功能，我们任一动作的完成都依赖于肌腹的收缩。肌腱则承担了连接功能，一般分布在肌肉的两端，并直接连接在骨上，构成肌肉的附着点（如跟腱）；肌腱本身没有收缩能力，但它可以传导肌肉的拉力作用，增加动力臂。

第一章
你了解自己的身体吗

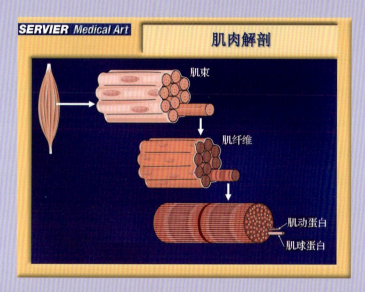

骨骼肌当中存在着大量的感受器，例如：肌腹中的肌梭、肌腱中的腱梭。近年来研究表明，肌腹、肌腱在含有较多本体感受器的同时其自身的位置觉、运动觉、负重觉在本体感受系统当中有着重要意义。了解解剖知识多一点的跑友们应该对本体感觉有所耳闻，所谓的本体感觉，就是我们在运动时，肌、腱、关节等运动器官在不同状态时产生的感觉，本体感觉在我们的运动中有着非常重要的作用，平衡的维持依赖于本体感觉，运动功能的再获得也依赖于本体感觉。通俗来说，如果没有本体感觉或者本体感觉缺失，我们就不能在平衡状态下完成运动，更不可能学习更高难度的动作！

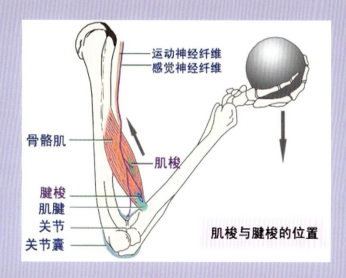

如上文所说，骨骼肌在运动中有着巨大的作用，那么在跑步这项运动中也不例外。骨骼肌的结构以及功能一旦出现问题，将会对我们的运动产生极大的影响。以我们大腿后侧的腘绳肌为例，一旦腘绳肌出现过度紧张、收缩的情况，我们向前的迈步就会受到影响——步子迈不开。在奔跑时也就无法达到想要的步幅了。另一方面，肌肉的状态也会影响运动的表现，我们经常看到在接近比赛结束的时候，运动员们的表现会出现下降；往往在这个时候，损伤也最容易出现。这也解释了为什么在马拉松比赛的后半程损伤的风险会更高。

当然了，不管是跑步还是其他项目都是优点与缺点并存的，大家不能因为跑步有风险就选择放弃，切忌因噎废食。

第四节
人体运动的加油站

我们人体一共有九大系统：运动系统、神经系统、内分泌系统、血液循环系统、呼吸系统、消化系统、泌尿系统、生殖系统、免疫系统。这些系统相互协调，共同完成各种复杂的生命活动，维持着生命的正常运转。

在跑步过程中，各个系统都得参与其中，发挥其特定的作用。比如：神经系统会通过大脑对肌肉收缩发出指令，配合运动；血液循环系统负责加快运转，以提供肌肉收缩所需要的能量；呼吸系统管控呼吸肌，加速氧气供应以及二氧化碳排出；消化系统则调控所需的血液供应，以平衡运动型肌肉所需要的血液等。

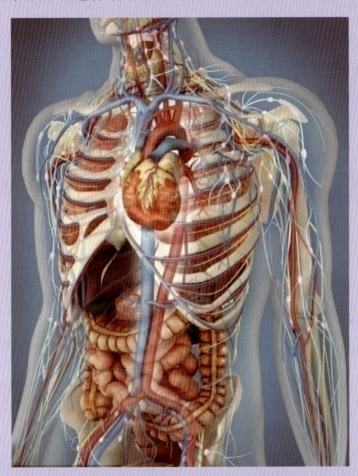

各系统无时无刻不在工作着，我们重点介绍一下血液循环系统和呼吸系统。

1 血液循环系统

血液循环系统是血液在体内流动的通道，分为心血管系统和淋巴系统两部分。我们一般所说的循环系统是指心血管系统，它是一个封闭的运输系统，负责血液在体内的流动。

血液在人体中的含量约占体重的6%~8%，主要分布在心脏和血管中，保持血液的流动，还有一部分血液储存在脾脏、肝脏、皮肤、肺等器官，很少参与流动。其中，参与流动的血叫循环血，不流动或者流动极慢的血叫储存血。当我们参加运动，而且运动越剧烈时，就需要越多的能量供给，这时候储存血就会越多地释放出来变成流动血。当剧烈运动缓慢停下来的时候，一部分流动血就会回到相应的脏器，变成储存血。因此，保持血液的动态平衡，对于维持健康是至关重要的。

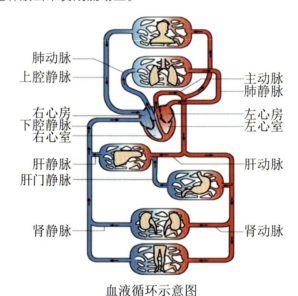

血液循环示意图

血液是氧气、营养、激素以及其他信息物质的载体，需要通过血液的运输才能到达相应的器官。因此，血液的重要意义就是保证机体新陈代谢的进行，为我们日常活动和运动提供能量，同时排出代谢废物。

对于跑步而言，出现了损伤，需要修复，就需要血液循环畅通；想要跑得时间更长、强度更高，就需要血液循环非常发达，能够运输更多的能源物质。

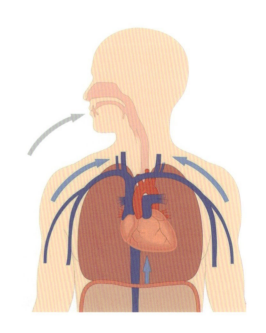

② 呼吸系统

在跑步中我们能明显感受到的就是呼吸。呼吸的节奏和深度如果不匹配，很容易造成跑友岔气、急喘甚至心率加快等不适。

接下来将为大家分享一下呼吸系统于跑步的作用机制。

跑步是一项高强度的运动，尤其是长跑。肌肉间的运动会加快体内氧气的消耗，同时产生二氧化碳。如果习惯于用鼻子不断地浅呼吸，那么氧气供应量就会小于消耗量（类比于氧气吸入不够），此时无氧呼吸的比例增加，肌肉将产生更多的乳酸，跑完步后也会感觉到肌肉酸痛、疲劳不减；那如果我们用嘴呼吸呢？那不就增加氧气摄入了。话是没错，但往往还没跑完就先觉得口渴无比了。而且长时间用嘴呼吸后，喉咙会出现干涩、灼痛等不适。这样不仅会影响跑步的体验感，还容易吸入过多的空气杂质（相比于鼻腔，雾霾、粉尘更愿意通往无阻碍的口腔）。看来这两种呼吸方式对于运动健康都不是最有利的，我们除了尽量避免外还能怎么办呢？

跑步初期强度还不算大，我们用鼻子轻浅呼吸可以让呼吸肌和膈肌尽快适应，同时避免因呼吸不畅而岔气。如果一直以慢速奔跑，那这种呼吸方式也能提供足够的氧气；但提速之后，我们的呼吸频率会逐渐慢下来，单纯用鼻子呼吸就不够了，此时需要口鼻配合，共同呼吸。

在高强度的跑步过程中，深呼吸与浅呼吸是其中所要掌握的诀窍。可根据情况适当调节，或通过口鼻混合的方式——用鼻吸气、用嘴呼气。吸气时腹部隆起，呼气时腹部收紧（即腹式呼吸）；尽量缓慢、有规律地进行。这样不仅能增大肺部的通气效率，还能有效避免因呼吸急促带来的"岔气"现象。

跑步时有节奏、周期性地呼吸，能使我们跑起来更加轻松，配速也能相对维持稳定。目前较为提倡的是"两步一吸+三步一呼"或者"两步一吸+两步一呼"的呼吸方式，这两种方式无所谓对错，关键在于配合自身跑步的节奏，选择和适应最适合的呼吸方式，需要我们在实践中慢慢摸索。

跑步时有效呼吸，是一种习惯，更是一门学问。如果出现偏离，不仅会引发身体不适，还会降低跑步效率，让运动效果大打折扣。因此，跑步时不忘调整呼吸，找到最适合自己的"那一款"才重要。

第五节
人体跑步的发动机

女性跑友们经常会问我一个问题："老师，为什么我跑着跑着小腿变粗了？不都说跑步瘦腿吗？怎么感觉我反而跑胖了呢？"

而更多的男性跑友则会对我说："老师啊，您看我是不是用对力了，现在两条大腿多壮实！"

正在读这个章节的你，又怎么看呢？

的确，跑步是一项以下肢为主导的周期性运动。我们之所以能够前进，大腿、小腿、双脚功不可没，任何部位都缺一不可。但是话说回来，跑步的发动机是股四头肌（大腿前侧肌群）吗？是腘绳肌（大腿后侧的肌群）吗？答案：都不是，"发动机"是我们的臀大肌。这时候读者可能会有疑问：跑步不是用双腿跑的吗？怎么还和臀部肌肉扯上关系了？

且看发动机的定义：发动机（engine）是一种能够把其他形式的能转化为机械能的机器。对应跑步，便是将ATP（三磷酸腺苷）、糖类、脂肪转化为动能的过程。如果要说谁是发动机，那所有的肌肉都是，因为跑步所需的能量绝大部分来源于各肌肉。但是要排个前后关系的话，臀大肌作为"老大哥"是当仁不让；其次是股四头肌与腘绳肌，最后才是小腿三头肌、足底肌。那如跑友所说，跑步是一项腿部运动，为什么臀大肌才是最主要发力的那个呢？

从解剖、形态来看，臀大肌位于臀部，为一四方形的肥厚扁肌。臀大肌起自髂骨、骶骨、尾骨背面、腰背筋膜和骶结节韧带；肌纤维向外斜方走行，上部肌纤维越过大转子，以腱膜移行于髂胫束的深面，下部肌纤维以肥厚的肌腱止于股骨臀肌粗隆。它主要负责后蹬腿以及伸髋，维持人体直立姿势。而跑步中要想获得更大的爆发力来推动身体前进，就必须得依靠臀大肌强有力的蹬伸动作。关于这种发力模式大家可以类比"甩鞭子"：臀大肌好比握住鞭子的手，手上一发力，鞭子也随之摆动，最终将力传至末端。试想一下，如果源头都无力了或者偷懒了，那么只能靠"下一级"即股四头肌、腘绳肌来代偿发力。虽然在一定时间内可以让它们变得很强大，但长此以往，会造成它们的疲劳、紧张，增加损伤风险；同时还有可能累及整个下肢的发力模式，引起各个关节的损伤。话说回来，如果股四头肌、腘绳肌以及小腿三头肌想要"借树乘凉"，也是不可取的。举个例子：要想达到蹬地腾空，那小腿三头肌就必须要发力，实现快速收缩；前进过程中，屈膝、伸膝也是同理，大腿前侧股四头肌，后侧腘绳肌要协同发力才能保证我们的正常运动。"发动机"们此时便像齿轮一样，环环相扣，推动人体运动。

第一章
你了解自己的身体吗

俗话说：没有金刚钻，不揽瓷器活。我们的肌肉亦是"能者多劳"，彼此间相互配合好才能高效地"工作"。说完跑步中的发动机，再来看看其他"零件"——臀中肌、核心肌群。

臀中肌算是臀大肌的"副手"，位于臀大肌深层；起自髂骨翼外侧，止于股骨大转子。其主要功能是辅助髋关节、膝关节的稳定，维持直立姿势。我在治疗过程中遇到的臀中肌激活不足的跑友比比皆是，他们大多是由于膝盖疼痛或者跑姿代偿过多而造成的。评估后发现大家有一个共性——臀中肌激活不足，无论是臀大肌强劲有力的还是无力的皆是如此。在后续康复中加强臀中肌的激活，同时强化协同臀大肌发力的运动模式后，损伤情况往往都能明显改善。

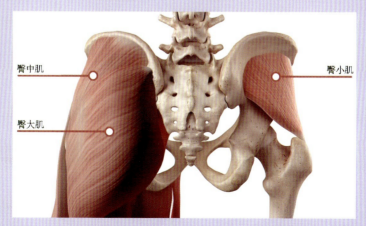

臀中肌　　　　　　　　　　　臀小肌

臀大肌

23

第一章
你了解自己的身体吗

作者冉令军参加2018年成都双遗马拉松

还有一类跑友便是常说的躯干摆动幅度过大型。究其根本,我发现他们的核心控制能力都很差,"稳不住"身子。而我们要知道,跑步是一项轴向的运动,如果躯干都不稳了,跑起来要么前倾过多,要么左右晃动太大。无论是哪种方式,都会让我们的身体负担过重,耗散太多的能量,更有可能引起腰疼、脊柱不适等困扰。

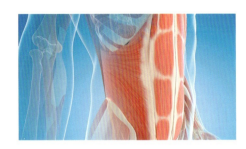

跑步,是人类的本能,但却并非人类的专长。尤其是想要突破自己,追求速度、距离、成绩的跑友们,更需要科学训练,理智跑步。

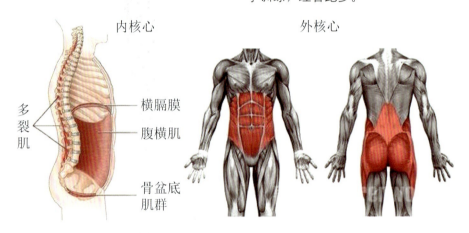

内核心 外核心

多裂肌　横膈膜　腹横肌　骨盆底肌群

第二章

跑步前给身体做个检查

第一节
跑步对身体有哪些好处

人类诞生至今,跑步便是一项与生俱来的天赋。区别在于:狩猎时期,它是生存之本;而如今,它成为休闲娱乐之选罢了。

近几年随着马拉松运动的兴起,运动热潮更是在人群中迅速扩散开来,各地长跑节、公园半马等赛事也应运而生。"疯狂"的背后,到底是什么驱使跑友"深陷其中"呢?

想来无非是一句话:生命在于运动。

对于健康,生命长度总是放在第一位的。斯坦福大学曾在2008年研究发现:"跑步使人具有明显的生存优势。"该研究通过追踪284名跑者和156名非跑者发现,在他们50岁时,开始跑步的这批人19年后死亡率仅有15%,而没有跑步习惯的死亡率则高达34%。

第二章
跑步前给身体做个检查

作者冉令军参加2008年北京国际马拉松

除此之外，跑步对于健康的意义还包括哪些方面呢？

1 增强心肺功能

跑步速度可快可慢，但作为有氧训练，我们建议在跑步过程中将心率控制在130~150bpm，一是这样跑起来不会觉得太累，二是对有氧耐力的训练也能到位。长期坚持，心肺功能也能得到很好的提升。

2 促进脑部血液循环

前往公园跑步和置身于天然氧吧有何区别呢？呼吸新鲜空气，不仅愉悦身心，更能促进大脑对氧气的利用、改善脑部血液循环。

3 有效减脂

跑步是最有效的燃脂运动之一，根据哈佛医学院的研究：一个155磅的人，跑步每30分钟可以消耗大约298卡路里的热量。相比之下，步行、瑜伽、水中有氧运动和举重的燃脂效果则要差得多。

4 养成运动的良好习惯

相比于别的运动项目，跑步可以说是非常便捷了。一双跑鞋，随时随地皆可动起来。"上瘾"之后，要是某段时间停歇不跑，往往会觉得浑身不对劲儿。

第二章
跑步前给身体做个检查

5 健康的社交方式

觥筹交错，酒桌相聚的社交方式已逐渐让人提不起劲来；反观跑步，它除了是项单人运动外，还是一个纯粹的"团队聚会"。世界各地拥有大量的跑友俱乐部，参加比赛和训练能提高跑友的社交能力，迅速"抱团"，还能遇到志同道合的跑友。毕竟能坚持跑下42.195千米的人，毅力绝对值得我们学习。

当然，以上五点只是跑步好处中的一小部分。提高免疫力、预防"三高"、成为"交通工具"等，都有待跑友体会！

总而言之一句话：跑步健康，谁跑谁知道。

第二节
跑步前需要做的身体评估

关于"身体健康"这个关乎生命质量的话题，我想每个人心里都有一套标准。来看看公认的标准如何？世界卫生组织（WHO）对于健康的定义："健康是指一个人身体完备、精神健全以及具有良好的社会适应能力的一种状态，而不仅仅是没有疾病。"所以身体健康评估也包括身体健康、心理健康以及行为健康三个方面，而不仅是所谓的"无病无痛即健康"。而身体健康的评估则是通过一系列手段对各方面机能以及生活方式等进行测量、评估、分析，对其有一个全面的了解，最终达到降低甚至规避健康风险、提高生活质量的目的。

众所周知，运动可以给我们带来健康和快乐，但同时也存在一定的风险。所以在做任何一项运动前都要对自己的身心健康做一个全面的评估，对于个别运动项目还需要做一些有针对性的评估，制定出个性化的运动方案以降低运动风险。

那么针对跑友，我们需要做哪些身体健康方面的评估呢？

第二章
跑步前给身体做个检查

首先，跑友们需要对自己的身体健康有一个清楚、全面的了解，即便没有明显的不适或症状最好也定期到相应的医疗机构进行健康检查，排除对跑步有一定限制的慢性病，如冠心病、高血压、Ⅱ型糖尿病等。俗话说得好："上医治未病。"于我们自身而言，多关注身体健康，做到防患于未然总是好的。

除了疾病风险筛查以外，跑友们还需进行运动风险的评估。运动风险评估系统包括：既往病史（心脏病、哮喘等），基本体格检查（身高、体重、体脂肪率、血压、安静状态下心电图、肺活量），身体素质检查（心肺耐力、肌肉耐力、肌肉力量、柔韧性等），运动负荷试验（主要测试心脏的功能）等。

另外，跑步还是一项全身性的运动。如果你以为跑步只需要用到腿就大错特错了。核心稳定、髋关节主导发力、上肢协调摆臂在完整的跑步过程中缺一不可。所以我们通常会推荐跑友们做一次功能性运动筛查（FMS）的测评。

1. 深蹲
2. 跨栏步
3. 直线箭步蹲
4. 肩部灵活性
5. 旋转稳定性
6. 直膝主动抬腿
7. 躯干俯卧撑

FMS是一套被用来检测运动者整体的动作控制稳定性、身体平衡能力、柔韧性以及本体感觉等身体机能的评估方式，可以看出一个人的功能控制水平以及是否有不对称发展的情况。在对跑友的测试过程中，一般建议做深蹲、上跨步、直线弓箭步、直腿主动上抬四个动作，每个动作重复做三次，然后根据相应的评分标准进行评分。这些动作对受试者的髋关节、膝关节、踝关节以及相应运动链的稳定性和灵活性，对相应肌肉如股四头肌、腘绳肌、腓肠肌等的柔韧性都有一定的要求，通过评分可以评估跑者的功能控制能力，采取相应的措施进行调整，进而减少因这些问题带来的运动风险。如果个别跑友在核心控制和摆臂上有所欠缺，那么就还需要另加躯干稳定与肩关节灵活性的测试。

在跑步过程中，我们又将如何实现健康监督呢？

虽然不能做到万无一失，但规避各类心血管系统的疾病却是简单可行的。最简便有效的是在跑步中佩戴能测量心率的手环或者手表，实时关注运动中的心率，使心率维持在靶心率【靶心率=[（220－年龄）－静态心率]×(60%－85%)＋静态心率】上下。

比如一位30岁的跑友，平时安静心率是60次/分，那么他的靶心率便是：[（220－30）－60]×(60%－85%)+60=138~170。也就是说，如果他想通过跑步来提高心肺耐力的话，运动时心

第二章
跑步前给身体做个检查

率最好维持在这个区间。当然，这是健康的中年人的参考指标，如果说跑友有其他身体疾病或者运动受限因子，建议先前往医院进行风险排查。

古人云：工欲善其事，必先利其器。对于跑步这项运动来说，亦是如此。想要锻炼身体、永葆青春，请拒绝"撒开腿就跑"的习惯，先了解自己的身体，再量身定制一套训练方案。

第三章
跑步常见问题

第一节
你运动过度了吗

"过度训练综合征",相信很多跑友都听说过,从名称上不难看出"过度训练综合征"与运动过度脱不了关系。但这以往只在运动员中才出现的病症如今在大众身上也屡见不鲜了:一是因为普通人也开始了高强度训练(比如资深跑友们);二是"过度训练综合征"实在不易被发现,或者说它太难被引起重视了。

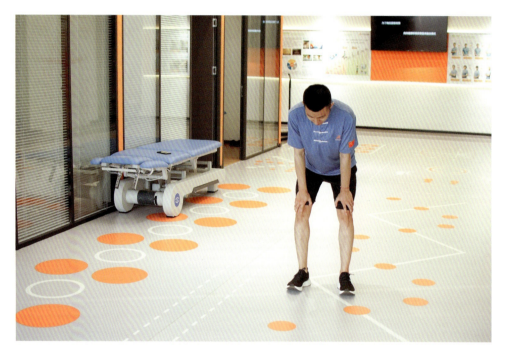

为什么会这么说呢?

这得从运动性疲劳说起,运动性疲劳是指在运动过程中,人体机能无法"跟上"训练强度的一种生理现象。注意:它是一种生理现象,也就是说可以通过身体自身的调节而恢复。好比今天跑全马,到后半程感觉自己快要撞墙,但调节速度、呼吸、步频等之后又能接着冲线了;或者说跑完休息到第3~5天,一系列的肌肉酸痛反应、不适等都消失,身体恢复如初。

而本章节所提到的"过度训练综合征"则更像是跨过了运动性疲劳的"阈值",好比少量安眠药可有助于睡眠,而一旦超过限度,那后果可就不再是睡着那么简单了。

"过度训练综合征"是一种病理现象,而非生理现象,是指由不合理的、超出生理负荷训练引起的,包括神经系统、内分泌系统、免疫系统等出现一系列问题的运动性疾病。

◆◇ 病因

从定义中我们可以看到:运动适应的机制是生理应激,而负荷是引起适应性变化的"刺激物"。一旦运动负荷过大,超出了机体的承受能力,人体内便会出现"分解代谢大于合成代谢、肌糖原接近耗竭、组织液中氨基酸不平衡、植物神经功能紊乱过度"等不良反应,最终造成过度训练综合征。于跑步而言,主要原因有以下几点。

(1)在没有经过系统训练的情况下直接增加跑量或开始跑长距离,且持续多天运动。

(2)当运动能力下降、疲劳时没有合理地调整跑步强度。

(3)训练形式单一、周期过长,个别肌群过度劳累。

(4)个人因素,如:带伤跑步、体重过大、跑姿不合理。

(5)其他因素,如:跑前热身不充分,场地过硬,温度、气候骤变。

◆◇ 诊断

1 生化检查

生化检查主要包括血红蛋白含量、血红细胞计数、血免疫球蛋白水平降低，血睾酮水平降低，血儿茶酚胺水平上升等几方面。

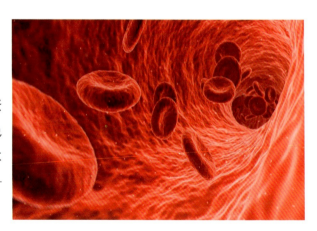

2 心电图

心电图变化为ST段水平下降、T波变平、双向或倒置，节律异常及少数房室传导阻滞等。

3 脑电图

脑电图可出现节律失调、指数减少、慢波指数增加、多导联可混杂有不规则的p或e节律等现象。

4 其他

心血管系统联合机能试验检查也是诊断过度训练的客观依据之一。据统计，过度训练人群中异常反应者占总数的90%，其他为紧张不全或高压反应等；呼吸功能方面，过度训练人群一般表现为呼吸功能下降，如：五次肺活量试验后，测试曲线呈逐渐下降的趋势。另，持续时间较持久的慢性肌肉疼痛也是过度训练的一个典型特征。

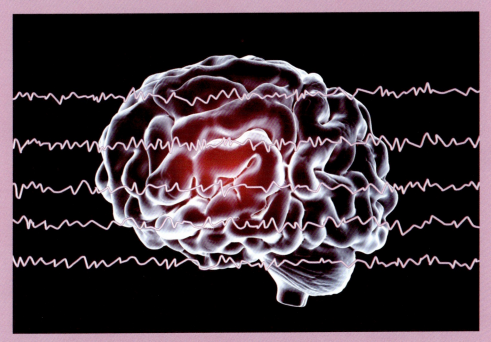

◆◇ 症状

1 神经系统

神经系统症状主要是指自主神经系统产生紊乱，分为交感型与副交感型。

1）交感型

交感型神经系统紊乱多见于以大强度力量训练为主要训练手段的人群，如健身人群、集中进行体能训练的人群等，常表现为以下几方面。

（1）安静心率增加。

（2）血压升高。

（3）食欲下降。

（4）体重下降。

（5）睡眠失调。

（6）情绪不稳。

（7）基础代谢率升高。

2）副交感型

副交感型神经系统紊乱多见于长期进行耐力运动项目的人群，如马拉松狂热爱好者，常表现为以下几方面。

（1）疲劳提前发生。
（2）安静心率减慢。
（3）运动后心率恢复加速。
（4）安静时血压下降。

2 内分泌系统

过度训练将导致内分泌系统紊乱。其具体表现为：甲状腺激素、睾酮水平下降，血尿素水平上升等。过度训练综合征还可导致男性性功能下降，女性经期紊乱。

3 免疫系统

免疫系统为我们提供了一条对抗入侵细菌、病毒、寄生虫、肿瘤细胞的防御线。而过度训练最严重的影响之一就是会对人体免疫系统产生副作用，即抑制正常的免疫功能，增加人体对感染的敏感性。常见的表现包括：低热或高热、嗜睡、易感冒、食欲下降、身体虚弱等。

4 其他

过度训练除引起以上三大系统的功能紊乱之外，最直观的症状还包括：肌肉延迟性酸痛长期不得缓解甚至造成损伤，运动技术遭到破坏（如跑姿变形、身体各部位产生过多代偿），运动成绩不但无法提高反而有所退步等。

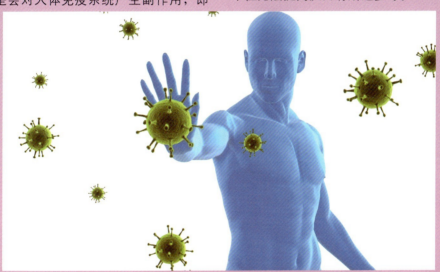

◆◇ 恢复与预防 ▽

从过度训练综合征的发病原因不难看出，运动负荷过大是造成过度训练综合征的主要原因，因此对过度训练综合征的处理应包括：加强各项恢复手段，调整训练内容或改变训练方法，严重者要对症治疗。

1 早期过度训练综合征治疗方法

在征求医生或康复师的建议下，适当减少运动量，以恢复性训练为主，维持相应的运动水平；采取温水浴进行放松，可加快全身的血液循环、调节血液分布，同时增加机体代谢速率，促进疲劳物质的排出；延长睡眠时间，保证充分的休息，必要时可服用适量镇静剂；注意加强营养膳食搭配，适当控制食量，以蛋白类食物为主，少吃油腻，积极补充各类维生素和矿物质，以易消化吸收为宜。如此，早期过度训练综合征一般经两周左右的治疗即可消除症状，恢复正常训练。

2 中、后期过度训练综合征治疗方法

除遵循早期治疗方法中的放松处理、饮食调控外，一般应停止专项训练，禁止任何大负荷量的运动。待症状缓解后逐渐加入专项训练以外的运动，也可以换个训练环境，改变运动形式。比如遭受此征的跑友在恢复期内可以选择游泳、骑行、球类运动等，这样既不会引起肌群的局部负荷过大、心理抵触，同时还可以维持相应的运动水平，不至于"掉链子"。必要时，可进行相应的药物治疗，如补充复合维生素B、维生素E、维生素C，也可以采取中医疗法进行气血、内分泌系统的调理，比如食用人参、刺五加、三七、枸杞等中药材，行针灸、推拿等。另，严重的过度训练综合征在短期内较难恢复，持续时间可达一月至一年不等，甚至更长时间。所以在此期间，除了进行一系列的生理调节外，还应重视心理疏导，不过分纠结、焦虑。

3 预防

1）合理安排运动训练

过度训练综合征发生的主要原因是训练安排不当，因此预防的关键在于根据性别、年龄、身体发育状况、训练水平、状态等具体情况，制订科学合理、切合实际的训练计划。其首要原则是循序渐进，注意调整训练节奏，在训练的大周期中，每周训练量增加应低于5%。此外，训练强度与训练量不应同步增加，休息与训练张弛有度；同时注意系统训练、全面训练。如长跑：它不单单需要我们有良好的心肺耐力、下肢的肌肉力量，还需要稳定的核心肌群作保障、正确的运动模式作指导。任何一项运动都不是单一的，而运动的任何一点忽略都有可能是致伤的。

2）及时发现过度训练综合征的早期表现

过度训练综合征早期常见以下症状，而且经常同时出现。我们应警惕这些早期症状，如出现应积极促进恢复，以防止病情加重。

（1）训练时感觉非常费力，两组训练间的恢复时间延长。

（2）有持续疲劳感和恢复不足感，并伴有睡眠不良和晨脉增加。

（3）处理日常事务时易怒和情绪化。

（4）缺乏训练热情，训练效果不佳。

（5）女性月经周期改变、紊乱，甚至出现闭经。

第二节
你经历过延迟性肌肉酸痛吗

"跑完步后整条腿都疼""第二天甚至无法下楼""酸到炸裂"等听起来略显"惨烈"的形容想必在大多数跑友身上都经历过。无论大神还是小白，一旦运动过量，酸痛在所难免。

这种一般在锻炼后隔天出现的肌肉酸痛在运动医学上称为"延迟性肌肉酸痛症"（DOMS）。在锻炼后24~72小时酸痛达到顶峰，5~7天后疼痛基本消

第三章
跑步常见问题

失。除酸痛外，还伴有肌肉僵硬，轻者仅有压疼，重者肌肉肿胀、妨碍活动。任何骨骼肌在激烈运动后均会产生延迟性肌肉酸痛，尤其长距离跑步。跑友们可感觉出整个下肢肌群的酸痛难耐，在肌肉远端和肌腱连接处症状更明显。回想一下，你的膝盖后侧、小腿（靠近脚踝）在跑马拉松后第二天是否"动弹不得"，一碰就疼呢？

目前这种肌肉酸痛的确切原因还不完全清楚。但绝大多数研究认为，肌肉的过度使用导致肌纤维撕裂、排列紊乱是造成肌肉酸痛最直接的原因。

作者冉令军参加2015年厦门国际马拉松

（1）高强度运动中，肌肉张力和弹性急剧增加，引起肌肉的物理性损伤（如肌肉轻微拉伤）。

（2）高强度运动后新陈代谢由快减慢，代谢废物堆积，内稳态失衡。

（3）神经疲劳、调控发生改变，使得肌肉发生局部痉挛而致疼。

从个人因素来讲，则包括以下几方面。

（1）年龄：年龄越大，越容易产生酸痛。

（2）训练强度：训练强度越大，越容易产生酸痛。

（3）运动持续时间：运动持续时间越长酸痛越严重，且损伤概率大大增加。

（4）运动方式：即同样的负荷，从事生疏的运动项目时所产生的酸痛比参与熟练的运动项目时所产生的酸痛更为严重。当然，如果动用了不常用的肌群，那么也将产生延迟性肌肉酸痛。

（5）运动形式：离心运动比向心运动更容易产生酸痛。

对跑友而言，主要应避免以下三个方面。

1 久未训练或无训练基础

当我们长时间没有运动或者本身没有运动习惯，经过剧烈的运动（比如你很久没去跑步了，一时心血来潮跑个10千米），第二天腿酸痛得不能上下楼梯，这种情况就属于DOMS，理应避免。

第三章
跑步常见问题

2 过量训练

所谓过量训练，就是指从负荷和组数等多方面对身体刺激明显增加的单次训练，且训练后恢复时间延长。

研究表明，运动后出现DOMS最主要的原因是肌筋膜受到损伤。肌筋膜内含有大量的感受器，当肌肉进行超量训练后，尤其是超负荷的离心收缩时，即便是肌筋膜的轻微损伤都会产生局部的炎症，从而引起酸痛感。

3 热身不充分

运动前进行充分的热身，根据自身情况适当地进行一些动态拉伸，能够深度激活肌肉，提升体温，在一定程度上提高肌肉对负荷的承受能力，同时延缓DOMS到来的时机。如果你在训练后出现了非常明显的DOMS，那么在运动后请立即进行静态牵拉和泡沫轴/球放松，因为这两者是最简单、最及时并且还能保证良好效果的缓解方式。当然，摄入足量的碳水化合物、蛋白质和补充维生素，也能在一定程度上加快DOMS的消除。

一个健康、优秀的跑友一定是把运动前热身和运动后拉伸放在比跑步本身更重要的位置上的。

1）运动前热身做充分

运动前花10~15分钟对身体做个充分的激活,将全面唤醒我们的肌肉、神经,尤其是主发力肌群,如跑步会用到的臀肌以及各块下肢肌肉。只有当肌群真正"热"起来了,我们的运动才会更安全、更经济,同时避免错误的代偿模式,远离损伤。

2）运动后积极安排牵拉放松、泡沫轴/球放松

在前面的章节中我们已经提到过运动后牵拉的好处，它对于肌肉延迟性酸痛的缓解同样有效；而泡沫轴/球放松能在短时间内将肌纤维恢复至原长度，同时加速代谢。

3）温水浴、按摩缓解

其原理与热敷一样，浸泡温水浴可舒缓疲劳，促进血液循环，加快代谢物质的排出。按摩（轻力度）则可放松局部过度紧张或遭受损伤的肌群。如果有条件，在跑步后进行冷热交替浴也是一个不错的办法。

第三节
千万别让肌肉罢工

"肌肉痉挛"听起来似乎过于专业化，但"抽筋"这个词大家一定耳熟能详，二者意思一样，是指肌肉发生不自主强直收缩的一种现象。

跑步中最容易发生痉挛的肌肉是小腿后侧的腓肠肌，其次是足底屈肌、大腿后侧的腘绳肌。产生痉挛的肌肉会出现剧烈挛缩、发硬、疼痛难忍的现象；无法着力负重，有"铰链"感；痉挛肌肉所涉及的关节，伸、屈功能有一定的障碍，只能静止待着或进行小幅度运动；通常在运动中途、后半程出现，持续几分钟才可缓解。有的跑友曾描述过这样的体会：抽筋时，感觉身体像被冻住了，但心里却能感知到痛苦。

1 寒冷刺激

在寒冷的环境中运动，肌肉更容易受冷空气的刺激，使其兴奋性突然增高，导致强直收缩产生（好比突然受寒，我们会起鸡皮疙瘩）。如游泳时受到冷水的刺激、冬季在户外锻炼时受冷空气的刺激都可能引起肌肉痉挛。在寒冷的环境中运动时，未做准备活动或准备活动做得不充分，或未注意保暖，就容易诱发肌肉痉挛。

2 电解质丢失过多

这种情况在跑马拉松的过程中最为常见。运动中大量排汗,特别是在高温季节里长时间剧烈运动,会引起体内的电解质通过毛孔被大量排出体外。或者急性的体重丢失(如快速减重、脱水)也容易造成电解质过低,同时使身体内稳态遭到破坏,失去平衡,由此引发肌肉兴奋性增高,导致肌肉痉挛。

3 肌肉连续收缩、紧张过度

跑完一场马拉松比赛,我们的双腿将平均收缩45万次以上;重复做功,何谈休息?换句话说,它们将一直保持着紧张状态,周而复始地运动。对于业余选手而言,肌肉就更容易出现收缩与放松的协调性紊乱了。它累,神经也"累",一旦它俩"沟通脱节",那肌肉就更没法儿工作了,严重时甚至会出现肌肉的反复拉伤。

4 运动性肌肉损伤

近年来研究表明,运动性肌肉损伤(指反复运动所导致的肌纤维损伤)后,钙离子将进入细胞膜内,使得肌细胞内钙离子浓度增高。细胞内外浓度差增加后会导致肌纤维的收缩丧失控制,不断产生无效性收缩,从而引起局部肌肉痉挛。

也有研究认为，剧烈运动将造成机体的局部缺血，产生致痛物质。当这些致痛物质堆积到一定程度时，它会刺激肌肉内的痛觉神经末梢，使其反射性地引起肌肉痉挛。这种类型的肌肉痉挛常见于周期性的运动项目中，如马拉松。

5 疲劳

身体疲劳也直接影响肌肉的生理功能，疲劳的肌肉往往会使血液循环和能量代谢功能都有所下降，导致内环境发生改变，最终，痉挛产生。因此当身体疲劳时，特别是局部肌肉疲劳时，我们首先应当休息，恢复肌肉原来的状态，杜绝再次进行剧烈运动或做一些突发性的用力动作。

（1）向痉挛肌肉收缩相反的方向牵引痉挛的肌肉，使肌肉拉长，一般都可使其缓解。例如遭遇腓肠肌痉挛后，应将脚轻轻抵住墙角或台阶，并伸直痉挛侧的膝盖，再缓慢地将身体重心往前移。保持20~30秒，再重复，一般做两到三次即可得到缓解。牵引时切忌用力过猛，宜均匀、缓慢，以免造成肌肉拉伤。

（2）牵拉完可在肌肉痉挛处按摩，手法以揉捏、轻拍抖动为主，之后可戴上护具，起保暖作用。

（3）运动完后进行热疗（如热水浸泡、局部热敷），放松肌肉，缓解肌肉的张力。

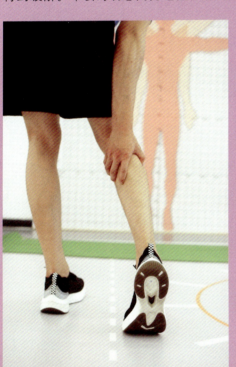

经历过肌肉痉挛的跑友绝不想再次经历，而没感受过的跑友想必也不愿尝试。那我们到底该如何预防呢？

（1）日常生活中加强体育锻炼，提高身体的耐寒能力，改善肌肉状态。

（2）运动前必须认真做好准备活动，对容易发生痉挛的肌肉可事先做适当按摩，泡沫轴放松，动态牵拉一定要做到位。

（3）在户外或者在冬季运动时，注意保暖，尽量别裸露关节及相关肌肉。如天气炎热，则建议在身体微微出汗后再褪去衣裳，使肌肉适应有个过渡期。

（4）夏季运动时，尤其是进行剧

烈运动或长时间运动时，注意电解质的补充和维生素B_1的摄入，同样遵循少量多次补充的原则。

（5）疲劳和饥饿时不宜进行剧烈运动，运动前要保证充分的休息。

第四节
运动疲劳是怎么形成的

运动疲劳是指在运动过程中，人体的机能下降，不能维持既定运动水平的生理过程。马拉松比赛中的"撞墙"便是运动疲劳典型的例子，它不像跑到"极点"后稍微调整、休息就能提速，或恢复状态继续前进，而是真的心有余而力不足甚至心理崩溃，又有多少跑友没迈过35公里这个"坎"呢？不过幸运的是，与过度训练综合征（一种运动病理现象）相比，运动疲劳是可以经过适当的休息和调整而恢复的一种生理现象。

第三章 跑步常见问题

◆◇ 产生机制

1 能源物质衰竭

三个能量供应系统包括：磷酸原系统、酵解能系统和氧化能系统。在运动中，被直接消耗的是肌糖原，我们通过酵解能系统供能；随着运动的持续，体内糖原含量减少，如不能及时恢复或补充，我们就会进入疲劳状态。虽然长跑运动（尤其是马拉松）绝大部分是靠脂肪、糖类氧化供能，但如果糖原（接近）耗竭，脂肪氧化供能也会受到限制。除身体进入疲劳状态之外，还可能引起低血糖，体内激素紊乱，"撞墙"事件频频发生。

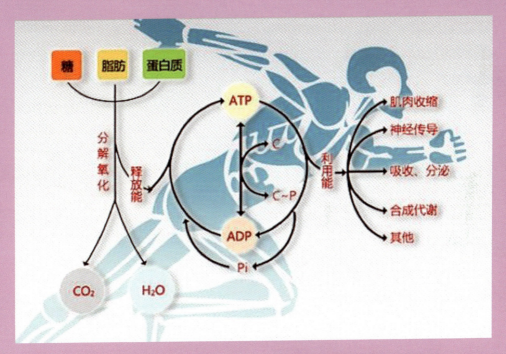

2 代谢产物积累

众所周知，在正常状态下，乳酸的产生和代谢是平衡的。但在长时间、高强度的运动之后，机体内便会生成大量的乳酸，而乳酸在短时间内无法排出，堆积后将导致肌组织和血液中pH下降，阻碍神经肌肉兴奋的传递。另外，pH下降还使肌浆中钙离子的浓度下降，影响肌球蛋白和肌动蛋白的相互作用，使得肌肉收缩减慢。总而言之，代谢产物（主要为乳酸）的积累使体液内环境呈酸性后会抑制机体代谢产物的排出和身体各项机能的正常运行，当pH值过低时就会导致运动疲劳产生，甚至肌肉无力。

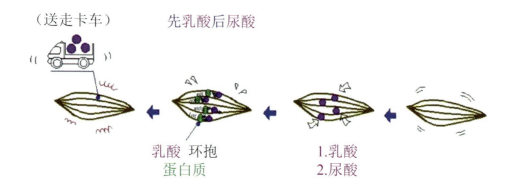

3 内环境稳定性失调

当运动量过大后，体内除pH下降外，水盐代谢平衡（如钙、钾、镁）、血浆渗透压也将受到破坏。有研究显示，当人体失水占体重的5%时，肌肉工作能力下降20%~30%。现如今，各项长跑或马拉松比赛往往集中非寒冷时期，气温过高更容易加快汗液蒸发，使得内环境稳定性失调，加快疲劳产生。

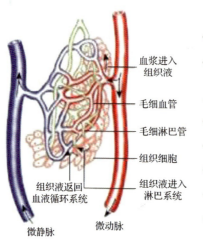

- 内环境：
- 由细胞外液构成的液体环境叫作内环境。
- (Internal envlronment)
- 包括：
  - 血浆
  - 组织液
  - 淋巴

4 保护性抑制

运动时大量冲动传至大脑皮质相应的神经元，使其长时间兴奋而导致耗能增多，为避免进一步消耗，神经元便产生了抑制过程，即对大脑皮质进行"保护"。此外，血糖下降、缺氧、pH下降、盐丢失、渗透压升高等也会促使皮质神经元工作能力下降，加快疲劳（保护性抑制）的产生和发展。

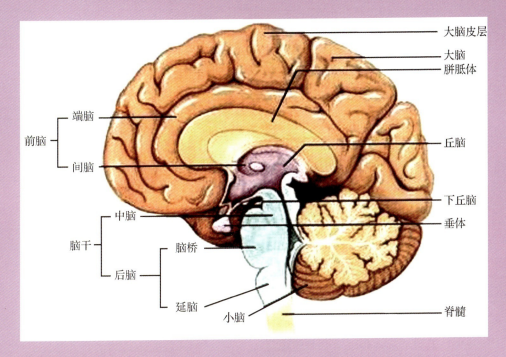

◆◇ 主要表现 ▽

（1）肌肉疲劳：肌肉力量下降，收缩速度放慢，即出现肌肉僵硬、轻微肿胀和酸痛，动作慢、不协调等一系列情况。

（2）神经疲劳：反应迟钝，判断错误，注意力不集中，嗜睡。

（3）内脏疲劳：呼吸变浅变快，心跳加快；胃肠消化吸收功能下降等。

（4）运动量不同，每个人的耐受程度也不同。就跑友而言，产生运动疲劳后，下肢的肌肉延迟性酸痛反应通常是最主要的，同时可伴有小腿的"沉、胀"，腘窝酸痛。

◆◇ 恢复与预防 ◇◆

（1）运动后即刻的整理活动（静态牵拉）是消除运动疲劳、恢复体力的最佳方法之一。

因为在大量运动之后肌纤维多少会遭受轻微撕裂、排列次序出现紊乱，从而表现为肌肉紧张、僵硬，同时血液循环减慢，乳酸局部堆积过多。而整理活动可以降低肌肉的"兴奋性"，使之逐渐放松下来，恢复初长度；同时能促进血液循环，在氧供应充足的情况下，一部分乳酸还可以被进一步氧化分解产生能量。

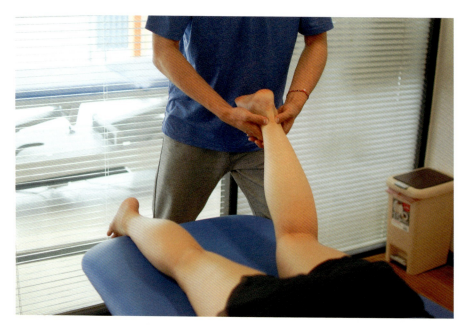

第三章
跑步常见问题

有条件的话可在运动完后进行冷热交替浴（45℃左右热水浸泡或淋浴1分钟→10℃左右凉水浸泡或淋浴1分钟，再往复交替三次，最后第七次以热水浴结束）。其原理为：热—冷交替，可使血管处于扩张—收缩—扩张—收缩的状态，即产生"唧筒效应"，以此促进血液循环及代谢产物的排出，调节机体内环境稳态。

（2）运动后进行按摩或者自我按摩也有利于消除疲劳。

可在运动后20～30分钟进行，也可在晚上睡觉前进行，以前者放松效果较好。针对跑友来说，按摩主要集中在下肢各肌群，遵循"向心性"原则。所谓向心性按摩，就是按照从肢体末梢向躯干方向按摩。原因是这样的：按摩顺序符合静脉回流的方向，有利于加快血液回流，提高按摩的效果。手法轻揉，切忌暴力。

（3）在运动疲劳恢复过程中，充足的睡眠与必要的营养补给同样十分重要。

应该说良好的睡眠是恢复的基础，足够的营养则是恢复的保障。睡眠时，我们的大脑处于抑制状态，可使工作了一天的器官得到充分的休息；同时，抑制状态又能促进合成。许多消耗掉的物质的复原，以及受损的细胞、组织的修复也大多在睡眠中完成。因此，在运动完后甚至整个运动周期，充沛的睡眠对恢复体力是至关重要的。而食物补给则是使摄入的能量与消耗的能量达到平衡，不至于出现营养不足的情况。另外，在大运动量过程中，水、无机盐也会被大量消耗，运动后除了补充糖分以外，也应该适当地补充水与无机盐。同时，维生素C能促进有氧功能，维生素B族及维生素E具有减轻疲劳、提高工作能力的作用，故而维生素的补充也不可忽略。蛋白质类食品，则建议以植物蛋白与鱼类蛋白补充为主。

既说运动疲劳是一种生理现象，也就是但凡进行大量运动后都会产生。我们无法避免，但却能延缓它出现的时机。就拿跑一场马拉松来讲，在20公里后感觉无力与在30公里后感觉无力想必是完全不一样的。从30公里开始吃不消还可凭毅力坚持，而若是在半马都还没完成的时候力竭，我想无论是从生理负荷还是从心理上的打击都是难以承受的。那我们到底该如何预防（减轻）运动疲劳呢？

请牢记："运动前须热身，运动中须补给，运动需间歇。"

我们还是以长跑为例，跑前进行10~15分钟的热身是必不可少的。何为热身？简言之：唤醒身体。即将我们的身体从"休眠"状态激活，包括要用到的肌肉、未活动开的关节、还没兴奋的神经以及心理状态。同时热身充分还能在很大程度上避免运动损伤。

"运动中须补给"则是指中途补充我们可能会消耗或者已经消耗掉的营养物质，可遵循"少量多次，储存备用"的原则进行补充。"少量多次"不需做过多解释，但"储存备用"则需要提醒大家，即什么时候补充（包括水分、糖类、矿物质）最适宜？答案：请做好准备，提前补充。千万别等到口渴了才喝水，快晕了才补糖。因为无论我们的身体多么强大，物质吸收都是需要一定时间的，并非吃进去就立马被消化了、被转化成能量了。请记住：马拉松补给站的设置并非随意为之。

"运动需间歇"说的是抓住机会让自己"休息"一下。这里的"休息"更多的是指让身体做个缓冲，适当调整，而非真正的躺下不动进行休息。每个人的运动能力不一样，休息的时机也有所不同。如在跑马拉松的过程中，感觉自己很累了，迈不开腿时，为何不稍稍降速，让自己"歇歇"，恢复一下再继续往前跑呢？抓住间歇，做好调整的效果远比将就着硬撑着往前跑有效且安全。

第五节
跑步晕厥是怎么回事

◆◇ 定义

晕厥是由于脑部血流暂时降低或血中化学物质变化所致的意识短暂紊乱和意识丧失,同时也是过度紧张的一种表现形式。

晕厥的主要危害通常不在晕厥本身,而在于发生瞬间摔倒所造成的骨折或其他外伤。在特殊的运动环境中,如空中、水下和高原,以及在运动时速度、力量和方位迅速变化时,突发的意识丧失会导致严重的后果,如头颅外伤、溺水和窒息等。这些将远远超过晕厥本身所带来的危害。

◆◇ 产生机制

1 脑部血流量减少

人脑重量占体重的2%,脑部血液供应占心脏输出量的1/6,脑耗氧量占全身耗氧量的20%,维持意识所需要的脑部血流最低阈值为30毫升/100克,当脑血流骤减至阈值以下就会发生晕厥。而血压急剧下降、心输出量突然减少会引起脑血流量骤减,从而导致晕厥,因此,凡引起血压急剧下降和心输出量突然减少的因素都有可能引起晕厥。

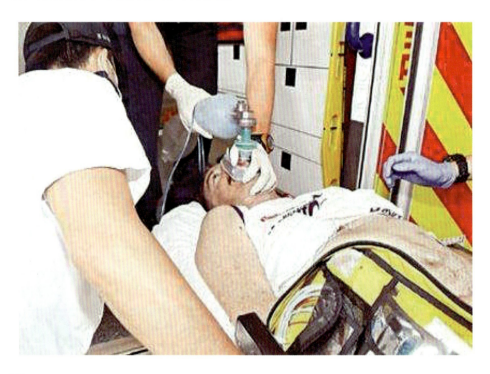

的收缩作用骤然停止,使大量血液聚积在下肢,造成循环血量明显减少、血压下降、心跳加快而心脏搏出量减少,脑供血急剧减少,最终造成晕厥。

2 重力性休克

疾跑后突然停止而引起的晕厥称为重力性休克,在短跑、中跑中多见。在整个运动过程中,外周组织内的血管显著扩张,血流量比安静时增加数倍,这时依靠肌肉有节奏地收缩和舒张以及胸腔负压的吸引作用,血液得以返回心脏;而当运动者突然终止运动时,肌肉

3 胸内和肺内压增加

举重者做大重量挺举时,由于胸腔及肺内压突然剧增,造成回心血量减少,致使心脏输出量急剧减少,造成短暂的脑供血不足,可发生持续20～30秒的晕厥状态。在普通人搬运重物的时候,此类现象也时常发生。

4 直立性血压过低

长时间站立不动或久蹲后突然起立以及长期卧床后突然站立等体位变化时，都可引起晕厥。这是由于体位的突然变化，植物性神经功能失调，体内血液重新分布的反应能力下降，致使回心血量骤减和动脉血压下降，引起脑部供血不足而产生晕厥。

5 血液中化学成分的改变

低碳酸血症或低血糖都有可能引起意识丧失。癔病发作或其他原因引起的持续深快呼吸，发生过度通气，CO_2过多排出，可引起低碳酸血症。不论何种原因引起的血糖水平下降，都可出现由于自主神经系统兴奋性增加和肾上腺素释放增加的症状。当血糖降至低水平时脑组织对葡萄糖摄取减少，对氧的利用能力下降。长时间剧烈运动后，体内血糖消耗产生的低血糖反应，常见于长跑、马拉松、长距离游泳、滑雪和公路自行车等运动项目。

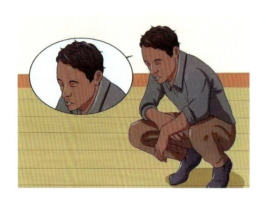

第三章 跑步常见问题

6 **心源性晕厥**

这种晕厥可发生在足球、篮球、自行车、网球、冰球、马拉松和慢跑等运动项目中。青年和中老年人均有发生，以中老年人为多见。剧烈运动时心肌耗氧量增加，原已狭窄的冠状动脉不能满足心肌供血的需要。运动可刺激儿茶酚胺分泌增多或动脉壁的敏感性增加，引起冠状动脉痉挛产生心肌供血不足，尤其在剧烈运动后，心肌处于特殊易损期，心肌血流灌注不稳定，此时立刻洗澡会使心肌缺血、心输出量减少和脑供血不足而发生晕厥。运动可激发没有器质性心脏病的人发生心律失常，如阵发性心动过速期间发生短暂的晕厥。

7 **中暑晕厥**

在炎热夏天进行长时间训练和比赛时易发生晕厥，尤其是在夏天无风或湿度较高的情况下，运动时体内产生的热量通过蒸发、对流、传导和辐射等方式不能有效地散发，使体温明显升高；此外大量出汗、循环血量的减少也会引起脑组织供血减少和意识丧失。中暑晕厥多发生在长跑、马拉松、越野跑、自行车和足球比赛时。

◆◇ 症状表现 ▽

运动过程中、后发生晕厥是由不同原因引起的急性神经精神症状。而在昏倒前，常感到全身软弱、头昏、耳鸣、眼前发黑；昏倒后则表现为面色苍白，手足发凉，脉搏细而弱，血压降低，呼吸缓慢。轻度晕厥，一般在昏倒后不久就能很快恢复知觉，醒后仍有头昏、全身无力等征象。

◆◇ 处理与治疗 ▽

1 一般处理

发生晕厥后应使其平卧，足部略抬高，头部稍低，松开衣领，这样做可增加脑血流量。注意保暖，防止受凉。针刺或掐点人中穴、百会穴、合谷穴、涌泉穴，一般能很快使人恢复知觉。如有呕吐应使头偏向一侧。待清醒后可服用热糖水和维生素C及维生素B_1等并注意休息。

2 病因治疗

对低血糖性晕厥者静脉注射50%的葡萄糖60毫升；对低碳酸血症引起的晕厥者减慢呼吸频率和加深深度可缓解；心源性晕厥应立即吸氧，心电图显示房室传导阻滞时皮下注射阿托品，如为室性心动过速静脉注射利多卡因50～100毫克，1～2分钟注完，经现场急救后再安全转运；对中暑晕厥者，首先将其转移到阴凉通风处迅速降温，用冷水或酒精擦浴使皮肤发红，头部及大血管分布区放置冰袋，有条件者静脉点滴5%的葡萄糖生理盐水。

◆◇ 预防

晕厥的预防应坚持以下原则。

（1）坚持科学系统的训练原则，避免发生过度疲劳、过度紧张等运动疾病。

（2）疾病恢复期和年龄较大者参加运动时必须按照运动处方进行，且留意自身的身体情况。

（3）避免在夏季高温、高湿度、无风的天气条件下进行长时间的运动。

（4）进行长距离运动要及时补充糖、盐和水分，同时适当地给身体降温。

（5）有条件者定期进行体格检查，尤其在重大比赛和大强度训练前。

（6）发生晕厥后应做全面的检查以明确原因，避免再次发生晕厥。

（7）运动爱好者应有预防和简单处理运动中发生晕厥的常识，可参加相应的急救培训。

第六节
跑步肚子疼是怎么回事

2019年成都马拉松开赛的时候，一朋友跑到中途给我打电话说肚子疼得厉害，还犯恶心，原地休息后也没能缓解。听完描述后，我感觉事态严重，赶紧让她弃赛，上救护车去医院。结果在医院一查，是急性胃炎，好在没给耽误，治疗及时。后来我一细问，原来是这朋友头天晚上刚到成都没忍住，与好友出去海吃了顿火锅，第二天起个大早出发跑马拉松。也算不幸中的万幸，没酿成严重后果。

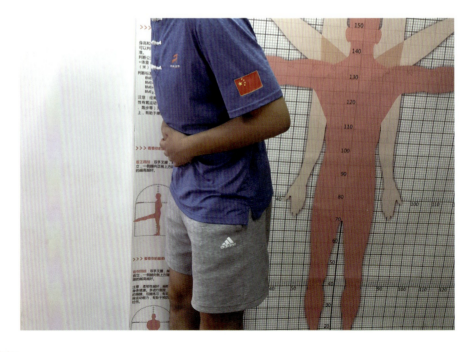

第三章
跑步常见问题

相信绝大部分跑友都遭遇过腹痛，事态可大可小，那我们究竟该如何判断并正确应对呢？

◆◇ 定义

运动性腹痛是指在运动中发生，却不明原因的腹痛，通常症状较轻，休息片刻后即可缓解，偶尔复发。它往往与下列诱因相关。

（1）缺乏锻炼或训练水平低下。

（2）准备活动不充分。

（3）身体状况不佳、劳累、精神紧张。

（4）运动时呼吸节奏不好，呼吸浅、频率快。

（5）运动前食量过多或饥饿状态下参加剧烈训练、比赛等。

（6）环境变化，如：气温骤降、海拔升高。

以上诱因均可导致运动性腹痛，那是否所有的运动中腹痛都是运动性腹痛呢？其实不然。比如出现以下状况时就得引起我们的高度重视了。

1 肝脏瘀血

其发生的原因可能与运动中心血管功能不协调有关。开始运动时，由于准备活动不充分就加快速度和加大强度，以致内脏器官功能在还没有提高到应有的活动水平时就承担了过分的负荷，特别是心肌收缩力较差时，心搏出量减少或无明显增加，心腔内压力增加，使下腔静脉血回心血量受阻，进一步导致下腔静脉压力升高，肝静脉回流受阻，引起肝脏瘀血，造成血液淤积在肝脏内。肝脏由于瘀血体积增大，增加了肝脏被膜的张力，使被膜上的神经受到牵扯，因而产生肝区疼痛。疼痛的性质多为钝痛、胀痛和牵扯性疼痛。此外，剧烈运动时呼吸急促、表浅，造成胸内压上升，也影响下腔静脉血的回流而引发右上腹部疼痛。

2 呼吸肌痉挛

呼吸肌包括肋间肌和膈肌，当其痉挛时多感到季肋部和下胸部锐痛，与呼吸活动有关，患者往往不敢做深呼吸。其发生的原因可能是由于运动中未注意呼吸节律与动作的协调，未注意加深呼吸，以致呼吸肌功能紊乱，呼吸表浅急促，呼吸肌收缩不协调并过于频繁、紧张而发生痉挛或微细损伤。另外准备活动不充分、心肺功能赶不上肌肉工作的需要，使呼吸肌缺氧，这样不但呼吸肌痉挛，而且加剧了疼痛的发生。

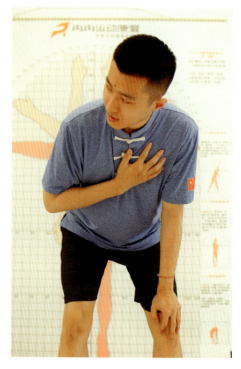

3 胃肠道痉挛或功能紊乱

其发生可能是剧烈运动使血流重新分布，胃肠道缺血、缺氧，或因各种

刺激所致，如饭后过早地参加运动，吃得过饱，喝得过多（特别是喝冷饮过多），空腹运动时空气刺激等都有可能引起胃肠痉挛。胃肠痉挛时胃壁和肠壁的神经受到牵扯而发生疼痛。胃痉挛疼痛部位多在上腹部。腹部着凉，蛔虫刺激，运动前吃了难以消化或容易产生气体的食物，如豆类、薯类、牛肉等而引起肠蠕动增加或痉挛，疼痛部位多在肚脐周围。

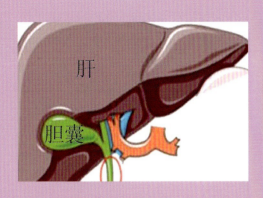

4 腹内疾病

腹内疾病是指急慢性肝炎和胆道疾病（包括胆石症、胆囊炎、胆管炎、胆道蛔虫等）、溃疡病、肠结核、慢性阑尾炎，运动时由于病变部位受到牵扯和震动而产生疼痛。其疼痛部位多与病变部位一致。

5 腹外疾病

腹外疾病常见的有右肺下叶肺炎、胸膜炎、肾结石以及腹肌损伤。据报道，在腹外疾患中，运动员的腹直肌损伤并不少见，却容易被忽略。

◆◇ 处理

（1）对于因腹内或腹外疾病所致的腹痛，主要根据原发疾病进行相应的治疗（药物、理疗、局部封闭等）。

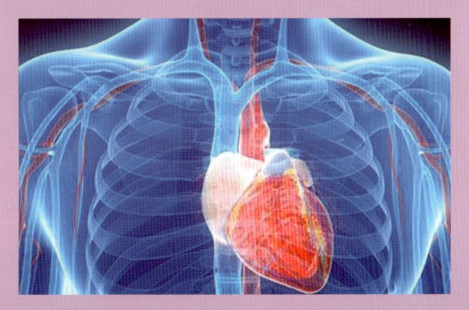

（2）对于仅在运动时加快速度后才出现腹痛的运动员，要全面加强身体素质训练和专项的技术、战术训练。

（3）运动中出现腹痛后，可适当减慢速度，并做深呼吸，调整呼吸与动作的节奏。必要时用手按压疼痛部位，弯腰跑一段距离，一般疼痛即可消失；如仍然疼痛，应暂时停止运动，口服阿托品、颠茄等解除痉挛的药物，针刺或点掐足三里、内关、三阴交等穴位，进行腹部热敷等；如无效应请医生处理。

◆◇ 预防

（1）遵守训练的科学原则，要循序渐进地增加运动量，加强身体的全面训练，提高生理机能水平。在训练和比赛时要调整好动作与呼吸节奏，合理地分配运动速度。

（2）运动前要做好充分的准备活动。冬天参加长跑或骑自行车比赛时，不要在未做好充分准备的情况下就脱掉运动外套。

（3）合理安排膳食，运动员进行激烈运动前不要吃得过饱，不大量饮水，特别是冷饮，不吃平时不习惯的食物；不要在饥饿状态下参加训练和比赛；餐后经过一个半小时才能参加运动。

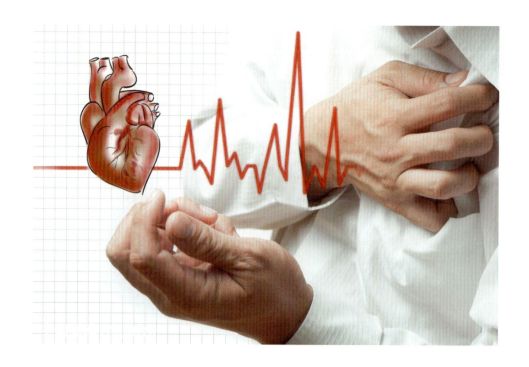

第七节
运动"猝死",你敢忽视吗

猝死,即人体在症状出现后24小时内发生的死亡(根据WHO的规定)。运动性猝死,即在运动中或运动后突然发生的死亡。随着马拉松运动的兴起,运动性猝死事件时有报道。

◆◇ 运动中猝死的常见原因

1 先天性心脏疾患

1)马凡氏综合征

马凡氏综合征是一种染色体显性疾患,主要病变及全身结缔组织,常引起骨骼、心脏及眼部疾病。世界著名排球运动员海曼、我国著名排球运动员朱刚等均因马凡氏综合征引起的心脏先天性改变而猝死。

主动脉的扩张程度可用超声心动图进行评价。马凡氏综合征患者没有主动脉根部扩张或没有二尖瓣脱垂的人,只可参加低强度的运动。

2)冠状动脉畸形

冠状动脉畸形是罕见的先天性心脏疾患,在死前很难诊断,但可引起猝死,一般多见于青少年。如儿童少年出现原因不明的晕厥时,应详细检查,以排除或发现冠状动脉畸形是否存在。冠状动脉畸形在外科手术修补后,如运动负荷试验心电图正常,才允许参加运动。

2 获得性心脏瓣膜疾病

在获得性心脏瓣膜疾病中,主动脉瓣膜狭窄和主动脉反流对生命的威胁最大。主动脉瓣膜狭窄严重的患者可能发生猝死,而中等程度的患者猝死却很少,但也应高度警惕,因为病变的严重程度可能会发展。有任何程度主动脉反流的人都不应参加剧烈运动。

3 肥厚性心肌病

这一罕见的疾病是运动员猝死的重要原因。肥厚性心肌病是遗传性疾病,其特点是室间隔和左室肥厚,不能舒张,查无其他原因。这类患者在发病初期常无症状，其形态变化很难与运动引起的心脏肥大区别。然而，这类运动员一半左右有猝死的家族史。

4　心律失常

有些人是由于预激综合征一类的心律失常，从而导致猝死的发生。

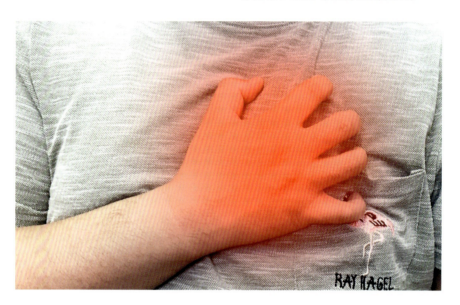

5　药物乱用

刺激剂（包括精神刺激剂、中枢神经刺激剂、交感神经胺剂），如苯丙胺和可卡因等。刺激剂的主要影响包括：使疲劳感消失，导致机体耗竭，从而引起严重后果；使血管收缩，从而导致机体散热机能下降，引起体温过高；在进行高强度运动时服用大剂量的刺激剂，对中枢神经系统的危害引起的副作用包括焦虑、烦躁、神经紧张、易怒和失眠，增加心率、血压和能量代谢；可导致服用者由极度兴奋转为深度抑制、呼吸和循环衰竭，甚至引起心脏衰竭而造成死亡。

6　缺血性心脏病

在缺血性心脏病中，由动脉粥样硬化引起的心脏病是最常见的。动脉粥样硬化、动脉中层钙化症和细动脉硬化，其中以心脏冠状动脉粥样硬化的影响最大，即冠心病。运动时由于机体的代谢加强，需氧量急剧增加，运动肌肉和心肌的供血供氧需要量也急剧增加。在正常情况下，供应心肌血液的冠状动脉的口径可随代谢的增强而扩张，当冠状动脉的病变严重到一定程度时，当运动达到一定强度、心率过快、心脏舒张期过短时，就会导致冠状动脉痉挛，诱发心绞痛甚至心肌梗死。

7 过度紧张

过度紧张是指人们在训练或比赛时，体力负荷超过了机体的潜力而发生的生理功能紊乱或病理现象。过度紧张多发生在训练水平低、经验较少的新手身上，也可发生在因伤病中断训练较长时间后恢复训练的运动者身上。它常在一次剧烈的训练或比赛后即刻发生。运动者常出现呼吸困难、憋气、胸痛、心跳快而弱或节律不齐、血压下降、全身无力、面色苍白等急性心功能不全症状，严重时可导致猝死发生。

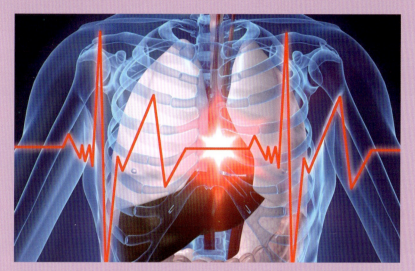

8 中暑

中暑是一种医疗急症，严重时可导致循环衰竭，甚至昏迷死亡。这是大众参加马拉松猝死常见的诱因，大家一定要引起重视。不要在夏天高温的时候在外长时间跑步，而且要注意补水和补盐。

9 脱水

脱水严重时会出现脑组织充血、神经细胞损伤，可引起一系列中枢神经系统功能障碍的症状，包括嗜睡、肌肉抽搐、昏迷甚至导致死亡。英国医学杂志报道：在耐力运动过程中喝水过多可能发生一种低钠性脑病（大量排汗—血钠失衡—脑水肿），严重时可导致猝死。

◆◇ 运动中猝死的发病特点

（1）男性多于女性。有人对226名猝死者进行了统计，其中男性188例，占83.16%。

（2）好发年龄较小，男女均在10岁左右。

（3）与竞赛项目有关。

（4）马拉松、公路自行车发病最高，其次是球类，再次是举重、舞蹈、游泳及其他。

（5）在耐力项目中，终点后死亡>终点前死亡>跑步开始或途中死亡。

◆◇ 影响因素

（1）气候。夏季发生最多，有人认为夏季运动中猝死与中暑有关，因为马拉松不仅对心脏血管系统造成了沉重负担，而且对其体温调节机制也是严峻的考验，以致在猝死发生后难于对其发生原因做出鉴别。

（2）伤后、病后及身体情况不佳时参与剧烈运动。伤后、病后、身体情况不佳、过度劳累、睡眠不足、感冒发烧参加运动时容易发生运动性猝死。如喀麦隆著名足球运动员维维安·福，在腹泻后参加剧烈比赛造成猝死。

（3）情绪波动、过于紧张时易发生猝死。

◆◇ 运动中猝死的预防

要在运动中完全杜绝猝死发生是不可能的。因为有些患者有潜在的心血管疾病，直至死亡时才表现出来。就大多数猝死来说，积极的预防，对于减少不必要的牺牲具有重要的实际意义。根据国内外的一些报道，猝死的预防应从以下几方面来进行。

（1）认真做好训练和比赛的医务监督，在学生中开展体育活动要根据青少年的生理特点合理安排运动量和运动强度。

（2）在竞赛前，对于没有运动经历和运动习惯的人，应进行必要的体检，特别是心血管系统的检查，注意询问病史、运动史和家族遗传史。

（3）对于运动中有过心前区不适、上腹部疼痛、呼吸困难、面色苍白、大汗淋漓等症状的，要予以特别注意。

（4）曾在运动中或运动后有过晕厥、意识丧失的人，应注意是否与心脏病有关、有无潜在的心脏病，要请专科医生做出确切诊断，在问题尚未查清之前，应禁止从事剧烈运动。

（5）在进行长距离赛跑及剧烈比赛时要有医务人员在场，并准备必要的急救设备。在长距离跑步结束后，不要立即停止活动或就地卧倒，避免由于"重力性休克"引起的回心血量不足，或突然卧倒后回心血量突然增加而引起心脏扩张，进而影响心肌的供血供氧。

（6）定期进行体格检查，经体检发现有异常，特别是有心脏疾病患者应在医生的指导下进行合理锻炼，一般应禁止参加剧烈活动或比赛。

（7）在伤后、病后、发烧、急性感染期间及恢复期，应避免参加剧烈运动。运动量和运动强度要逐渐增加，禁止带伤、带病参加剧烈运动。

（8）体育锻炼要持之以恒，不要间隔时间过长，"三天打鱼，两天晒网"，要积极预防冠心病。

（9）夏季进行长距离、长时间的训练和比赛时，要及时补水及电解质，防止电解质平衡紊乱及中暑发生。

（10）洁身自好，自觉抵制滥用违禁药物。

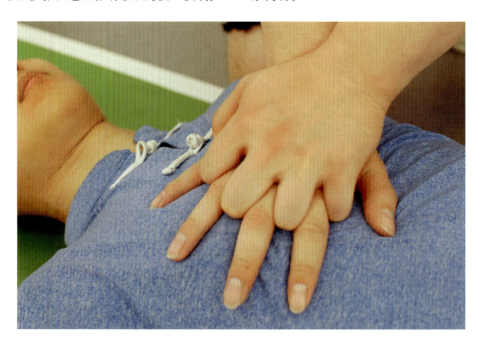

第四章

跑步路上的拦路虎——损伤疼痛

第一节
急性损伤,千万不要耽误康复的最佳时机

从事体育活动的人发生损伤在所难免。在运动中发生的损伤称为运动损伤。运动损伤按发生时间长短可大致分为急性损伤和慢性损伤,本节只介绍急性损伤。

◆◇ 概念

急性损伤是指人体软组织因为暴力或者某些因素突然导致的损伤疼痛,包括肌肉、韧带、筋膜、脂肪等组织以及周围神经、血管等不同情况的损伤,但不包括骨骼。急性损伤常伴有红肿热痛功能障碍的症状。

作者冉令军参加2014年北京国际马拉松

◆◇ 症状

1 疼痛

疼痛的性质与突然暴力的性质和强度有关,受伤部位神经的分布及炎症反应的强弱也会导致不一样的疼痛感。

2 肿胀

因局部软组织内出血或炎性反应渗出,导致损失部位出现水肿或者血肿,触摸时有液体感。

第四章
跑步路上的拦路虎——损伤疼痛

3 发热

局部组织损伤后皮肤温度发烫，明显高于周围组织，同时会出现皮肤发红。

4 功能障碍

急性损伤会引起损伤部位及临近部位的功能活动受限。

5 伤口或创面

根据损伤的暴力性质和程度不同，可以有不同深度的伤口或皮肤擦伤等。

◆◇ 康复方法

从事跑步运动，最容易发生的是脚踝扭伤和肌肉拉伤。脚踝扭伤，轻者仅伤及韧带，红肿热痛症状自是难免，冰敷是第一急救原则。合适的处理可以起到止痛、抑制肿胀的作用。因为冰敷

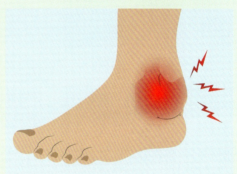

可以使神经传导速度减慢，起到减轻或解除疼痛的作用，还能使血管通透性降低，从而令局部组织液渗出减少，肿胀减轻。

冰敷，更专业地被称为"冷冻疗法"（Cryotherapy），是应用最广泛的治疗急性运动损伤的方法之一。它经济、便捷又行之有效，是POLICE原则的组成部分，帮助伤者减少肿胀和缓解疼痛。

1 冰敷的作用

对于急性损伤，即刻采用冷疗是非常重要而且有效的办法，对损伤的长期恢复也十分有用。它的主要功效有以下几种。

1）缓解疼痛

目前对于使用冰敷后能缓解疼痛的机理还不是十分清楚，有很多理论和假设，也提出了不少作用机制来解释冰敷为什么能够缓解疼痛。

这些机制包括以下几方面。

（1）冰敷抑制了痛觉神经信号的传导。

（2）低温降低了疼痛感受器的反应。

（3）冷冻使痛阈值提高，不容易感受到疼痛。

（4）低温冷冻引起体内内啡肽（可以缓解疼痛）的释放。

（5）冷冻觉传导抵消了痛觉传导。

2）控制出血和肿胀

通过降低皮肤和皮下组织的温度，冰敷可以收缩血管，减少了血液渗入周围组织，从而减少局部肿胀。冰敷几分钟后，收缩的血管重新开放，恢复局部供血。这样不断地重复收缩血管和开放供血，我们称之为"振荡反应"。

尽管血液仍然会流向受伤的部位，

第四章
跑步路上的拦路虎——损伤疼痛

但是使用冰敷后局部肿胀明显减少。肿胀得到控制后，可以逐步增加肌力及关节活动度的训练，有利于早期恢复。

此外，炎症反应引起的肿胀会引起组织局部压力增高，导致局部疼痛。这种疼痛主要是由于局部组织受损后，疼痛的化学物质释放进入血液所致。使用冰敷可以使血管收缩，减少致痛物质进入血液，同样起到缓解疼痛的作用。

3）缓解肌肉痉挛

肌肉痉挛通常由于疼痛而产生，是周围的肌肉通过收缩保护损伤部位的正常反应，防止损伤加重。但是肌肉痉挛可能加重疼痛感导致动作失常。冰敷能够非常有效地缓解疼痛，从而有利于减少肌肉痉挛。

4）降低代谢率

低温可以降低细胞的代谢率，降低细胞的耗氧量。当血流因血管收缩而减少时，耗氧量降低的细胞发生缺氧死亡的风险就也就降低了。

2 冰敷的类型

那么应该如何实施冷冻疗法，具体选择哪一种方式更有效呢？这要根据受伤的部位以及受伤的种类进行判断。

1）冰包（袋）

冰包是任何一种可以内装碎冰块的袋子。最简单的自制冰袋方法就是找个塑料袋，可以是塑料袋、毛巾或者专门设计的冰袋子。它比起市售的化学或者冷冻凝胶袋能更有效地冷敷深层组织，持续时间更久。把冰块放进去就可以了。但冰袋的自制也是有学问的，操作不当很有可能导致局部组织冻伤，甚至有时候除了冻伤皮肤，自制冰袋还存在表层过硬，无法与人体表面贴合的缺点，使冰敷效果变差。当不慎受伤，自己制作冰袋的时候，在袋子里面装入的不要仅仅是一堆小冰块，在放冰块的同时也放进去一些水，这就构成了冰水混合物。从物理学的角度进行解析：冰水混合物，它的温度永远是零摄氏度，当把冰袋放在皮肤上吸热时，因为有冰，所以热量先被冰吸收溶解，而冰吸热融化成水的过程中，冰水混合物的整体温度并不会改变（还是零度）。所以冰袋的整体温度不会低于零摄氏度，冻伤人的可能性便大幅度降低。制冷效果可以持续较长时间且不会波动太大，能够轻松地获得一个比较恒定的温度状态。如果有需要，可以外裹弹力绷带或者包扎带加压置于受伤部位。冰水混合物的外形也可以随着人体的外形自行贴服，也能顺利地改进纯冰块冰袋无法塑形的缺陷，对于一些外形不平坦的关节部位尤其适用。

急性损伤冰敷一般在伤后0~48小时内立即进行，间歇地、反复地持续进行。使用冰袋的时间一般控制在每次10~20分钟，这个时间长度既可以避免冻伤的出现，又能够获得较为满意的疗效。有的患者会经历疼痛—略微麻木—稍微刺痛—疼痛消失的过程，这是冰敷的正常反应。

2）冰浴

冰浴较容易，在一个大容器或者浴盆中盛满一半的冷水和冰块即可。容器的大小以及水的深度根据受伤部位而定。它治疗局部骨性裸露多的部位效果较好，比如足部、踝部、手和肘部。急性损伤后，将受伤的部位浸入冰浴中治疗。但是冰浴不如使用冰包和加压带包扎有效，因为无法起到加压作用。如果在冰浴治疗前先包扎受伤部位，局部传导较差也会减少冷敷的效果。

3）冰按摩

冰块可以用来按摩受伤部位。用来按摩的冰块需要特殊制配，一般都会加一根小棒冻在一起，类似棒棒糖，这样按摩师操作时可以拿着小棒防止手被冻伤。

冰按摩主要适合大面积的急性损伤。使用时，手持冰块在受损伤的肌肉上来回按摩。这种方式的不足之处在于按摩时冰块接触损伤的地方只是暂时性的，一般适用于程度较轻的损伤，而且按摩时暴露在室温中，受损组织冷冻效果不够。然而，这对于局部有感觉麻木的患者非常有效，来回滚动的冰块能够刺激肌肉里的感受器。

3 如何进行冰敷

在损伤最初的2~3天内使用，直到肿胀消退。但是如果一开始未使用或者使用2~3天后损伤处仍然肿胀，也可以继续冰敷。最主要的判断标准就是损伤部位与周围或者侧部位的温度是否一样，如果温度高或者发烫，必须冰敷；如果温度正常，可以转为热敷。

使用中可以在冰袋外裹一毛巾或织物，也可以使用弹力绷带包裹冰袋包扎于受伤处。冰敷一般维持15~20分钟，然后移开，恢复至室温20分钟左右。根据实际情况，可以选择继续冰敷，也可以每隔2~3小时进行一次。

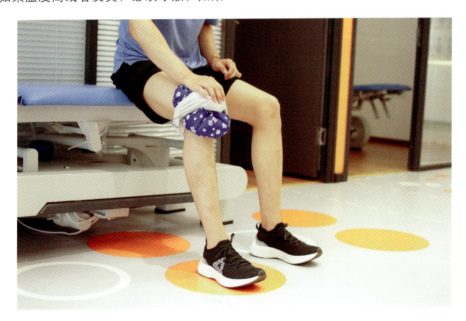

第四章
跑步路上的拦路虎——损伤疼痛

　　为了避免冻伤，不要把冰袋直接放置在皮肤上。如果冰袋直接放在皮肤上时间过久会引起冻伤，皮肤和皮下组织（肌肉、神经和脂肪）会受损，有时甚至是永久性的损伤。有些部位比如肘关节、膝关节等处皮下组织较薄弱，神经接近皮肤，冰敷时更需要控制时间，以免损伤神经。术后冰敷处理，注意不要让冷凝水渗湿污染伤口。

　　以上详细介绍了与冰敷相关的内容，下面把完整的急性运动损伤的POLICE原则介绍给大家。

　　（1）P（Protect）：做好保护，防止受伤组织再次受到创伤。一次受伤后短时间内避免再次拉伸，限制活动尤其是能够引起受伤部位疼痛的动作，防止二次损伤。

　　（2）OL（Optimal）（Loading）：适当负重，让肌肉不能因为受伤而休息。很多人在受伤后会完全休息卧床，这看起来是正确的，因为受伤组织需要一定的时间去修复，但是完全休息对局部组织的血液循环不利，也不能对受伤组织形成应力刺激，应按照组织功能的需求进行修复。另外，长时间制动，也会导致肌肉萎缩，影响恢复进度。

　　（3）I（Ice）：冰敷。在急性期进行热敷可能会引起受伤部位炎性物质的扩散，不利于症状的消退，还有可能让症状趋于严重。

　　（4）C（Compression）：加压包扎患处。给予受伤部位一定的压力可以促进组织水肿的消退。

(5) E（Elevation）：抬高患肢。一般要把患肢抬高到与心脏平齐或者高于心脏的位置，经常会和加压一起进行，利用身体重力的作用促进组织液的回流，从而消除肿胀。

第二节
脚踝扭伤别紧张，几个步骤就搞定

脚踝扭伤，也就是崴脚，在日常生活和运动中发生概率非常高。发生的原因大多是身体失去重心，比如落地时踩在别人的脚上或脚被绊倒时出现。扭伤时，局部会发生关节肿胀、疼痛，严重时甚至会造成骨折。

1 什么是脚踝扭伤

脚踝扭伤，多由于行走时突然踏在不平的地面上或上下楼梯、走坡路时不慎踏空，或腾空向后足跖屈（即垫脚的动作）落地，足部受力不稳，而导致踝关节过度内翻或外翻造成的扭伤。它一般分为内翻损伤和外翻损伤，以内翻损伤（外侧韧带的损伤）最为常见，这是由踝关节解剖结构所决定的，外侧的韧带较内侧韧带薄弱，内翻肌群也比外翻肌群要强一些，内翻活动度比外翻大，而人在放松状态下就有内翻和脚尖向内的趋势。

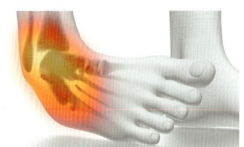

内翻　　　正常　　　外翻

外侧韧带损伤　　　　　　　内侧韧带损伤

内翻损伤一般损伤外侧的韧带距腓前韧带、距腓后韧带和跟腓韧带，以距腓前韧带损伤最多（外踝前下方的凹陷处）；外翻损伤则损伤内侧的三角韧带，三角韧带是最稳定的结构，所以不容易撕裂，外翻损伤发生的多是内踝的撕脱骨折。扭伤时，损伤处的韧带遭受超过其生理限度的强大外力，紧张性增高或发生纤维断裂等病理改变。有时内翻损伤可能引起内踝的挤压伤，要注意辨别。

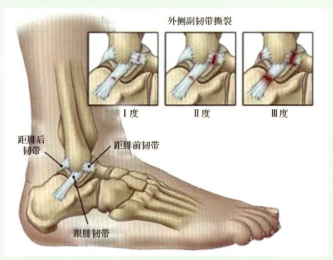

2 如何确定"崴脚"程度

可以用力，继续运动则疼痛加重并肿胀，这很可能是韧带损伤而不是骨折。踝部骨折，局部压痛明显，可有骨畸形、骨摩擦音等。局部疼痛青肿一般都是韧带损伤。此外，受伤程度越大，肿胀和青紫程度越大。

按损伤的严重程度可以分成以下三级。

Ⅰ级通常是距腓前韧带的扭伤。

Ⅱ级则是距腓前韧带、跟腓韧带受伤。

Ⅲ级则是距腓前韧带、跟腓韧带、距腓后韧带相继受伤，还时常有胫腓前韧带的损伤。

在日常生活及体育运动中，Ⅰ级经常发生且较好自我治疗，Ⅱ级、Ⅲ级较少且自我康复较难，所以在这里我们主要介绍Ⅰ级损伤的自我处理方法。如果发生Ⅱ级、Ⅲ级损伤，建议及时去医院或者运动康复机构进行确诊和治疗。

Ⅰ级内翻损伤是踝关节扭伤中最常见的类型，表现为轻度的疼痛和功能丧失，负重能力不减弱；轻微肿胀，没有关节松弛不稳的现象。

3 康复措施

伤后1~2天——急性期POLICE处理立刻冰敷或使用冷喷，然后用弹力绷带进行包扎，外侧损伤在足稍外翻下包扎，或者在肿胀部位垫一个衬垫，增加压力控制出血，在绷带外继续冰敷；将患肢抬高，高于心脏；保护其不再产生损伤，休息或限制活动时尽量少负重；冰敷每次15分钟左右，每天2~5次；在急性期内不要做热敷和手法治疗。

急性期后当肿胀不再发展、疼痛减轻时，就可以逐渐负重，开始负重活动时仍然要使用弹力绷带给人舒适的压力以及保护。当疼痛和肿胀消失后就可以进行日常生活活动，每日要进行踝关节活动的练习，背屈（勾脚尖）、跖屈（压脚尖）、内翻、外翻以及环转，每个方向都要达到最大活动程度，尤其是外翻，每组15~20次，每日2~3组。

同时强化脚踝的稳定性，因为脚踝扭伤会导致本体感觉下降，脚踝稳定性下降，很多跑友出现习惯性崴脚，原因就在这里。最简单有效的稳定性训练就是"金鸡独立"——单脚站立。建议单脚站立2~3分钟/次，每天训练2~3次。稳定性增强后，可以在脚下踩个枕头等，增加难度。

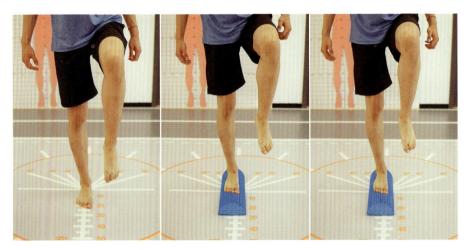

第四章
跑步路上的拦路虎——损伤疼痛

4 如何预防崴脚

目前，踝关节的防护主要措施有绷带、贴扎和踝护具等，佩戴踝护具能有效避免再次受伤，因为踝护具一方面为足踝提供预防支撑，另一方面可以加强本体感受刺激、补偿神经肌肉系统的迟滞反应（也就是说防止你没反应过来就再次崴脚），从而提高运动知觉和传感反馈。此外，预防崴脚最终还是要从自身内部预防，如加强薄弱环节，平衡肌肉力量，增强本体感觉等。

第三节
肌肉拉伤别乱跑

肌肉拉伤是跑步中常见的运动损伤，尤其是大腿肌肉拉伤。肌肉拉伤要及时处理，恢复肌功能，否则会影响运动能力。在多项研究中表明，由于肌肉机制被迫改变造成的局部损伤是大多数肌肉拉伤的原因，而且损伤位置多发于肌肉与肌腱连接的纤维处。

◆◇ 定义

跑步肌肉拉伤，最多是腘绳肌。腘绳肌位于大腿后方，是一组肌群而不是单独一块肌肉，由半腱肌、半膜肌和股二头肌三块肌肉组成，其中一块或多块肌肉出现损伤，都可称为腘绳肌拉伤。这些肌肉共同的起点位于骨盆的坐骨结节，均跨越膝关节，半腱肌和半膜肌向下止于胫骨内侧，股二头肌止于膝关节外侧的腓骨头。

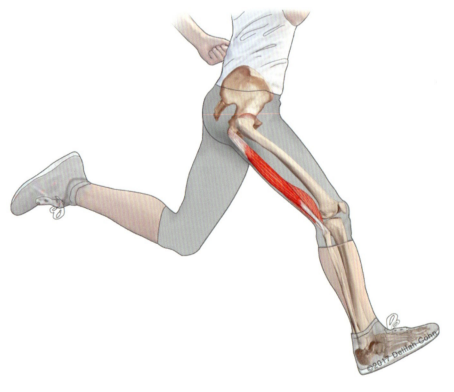

第四章
跑步路上的拦路虎——损伤疼痛

◆◇ 病因

腘绳肌的主要功能是伸直髋关节和屈曲膝关节。腘绳肌急性损伤，无论是轻度还是重度，在跑步和跨栏运动中都很常见。受伤后如果处理不恰当，即使恢复后也很容易复发。急性损伤中，主要是由于主动牵拉造成的，多发生于腱腹结合部，以股二头肌最多见。在整个起跑过程中，腘绳肌会使向外摆动的小腿减速。当脚落地时，腘绳肌又尽可能地牵拉伸展髋部后方，使髋关节伸直。如此交替往复进行，才使双腿向前迈进。整个运动过程中，迈出脚落下打在地面之前，腘绳肌由于被最大幅度地牵拉（接近于最长的肌肉长度），此时如果控制不好，更容易受伤。此外，被动的牵拉训练，如压腿、劈叉等也可能造成腘绳肌急性拉伤。慢性损伤则多见于运动量较大、反复牵拉劳损后，以及急性损伤未处理而反复发作。

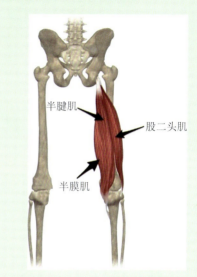

半腱肌
股二头肌
半膜肌

◆◇ 症状表现

（1）多数情况发生在短跑或高速跑动中，大腿后方出现突发的疼痛。

（2）在膝关节伸直和屈曲过程中，大腿后方出现疼痛。

（3）大腿后方局部出现肿胀和瘀青。

（4）如果发生较严重的撕裂，肌腹上可以摸到一个局部凹陷。

◆◇ 康复方案

腘绳肌拉伤后早期即开始治疗非常重要。最佳的治疗时机是在损伤后48小时内进行。

1 紧急处理

（1）立即停止任何运动，减少对大腿后群肌肉的牵拉。

（2）冰敷受伤部位15~20分钟，每2~3小时一次（依具体情况而定），持续1~2天，直到肿痛渐渐好转。

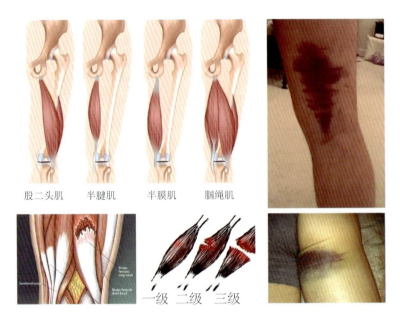

股二头肌　半腱肌　半膜肌　腘绳肌

一级　二级　三级

(3) 可使用弹力绷带或者肌贴，适当防护受伤的大腿，防止进一步肿胀。

(4) 在疼痛可忍范围内，尽可能伸直膝关节，使受伤肌肉处于伸展位，预防瘢痕产生。

2 常规处理

(1) 使用药物或者理疗，尽快消肿止疼，促进组织修复。

(2) 运动按摩，促进血液循环，使纤维重新排列，减少瘢痕组织产生。

(3) 及时介入康复训练。

腘绳肌拉伤的康复训练，最主要的有两个方面：

一是腘绳肌受伤后挛缩，必须通过拉伸等柔韧性训练，恢复腘绳肌的伸展性。拉伸时每次30~60秒，重复3~5次。拉伸时可能略微有点疼痛感。

二是，加强腘绳肌的力量训练，尤其是离心力量训练。比如俯卧位屈膝抗阻训练，做动作的时候一定要缓慢屈伸，训练的时候可能会有抽筋的感觉。也可以增加难度，膝关节跪位，膝盖以上保持身体竖直，像是平板一样，然后

第四章
跑步路上的拦路虎——损伤疼痛

让同伴压住双脚保持不动，躯干缓慢地向前倾，对腘绳肌刺激非常强烈，建议恢复到一定程度再采用此方法。每次保持15~30秒，重复3~5次。通过合理的康复训练，可以减少腘绳肌继发损伤的风险，因此一定要重视练习。

◆◇ 预防

在运动的时候，一定要充分地热身，也可以在运动前使用肌贴保护。

第四节
慢性损伤，是运动的天敌

慢性损伤是很多人都存在的，常说的颈肩腰腿痛、颈椎病、腰椎间盘突出等，都属于慢性损伤。但不是说运动损伤里就没有慢性损伤，在很多运动中很多人都会出现肩膀、膝盖、臀部和脚踝等部位的疼痛，但这些疼痛都不是瞬时引起的，都是慢慢地由一点点的不舒服变成疼痛，最终影响到运动。慢性损伤和急性损伤最大的区别就在于，慢性损伤不一定有创伤，就是不是因为暴力引起的，大多数都是由长期的姿势不良、退行性改变、疲劳累积等引起。运动中出现的慢性损伤大多都是由于轻微的损伤长期积累引起，而体态或运动姿势的不良是引起损伤的主要原因。

◆◇ 定义

因长期的姿势或动作习惯使人体在局部形成组织增生，轻微的损伤积累超过人体的自我修复能力以后，慢慢地演变成慢性损伤，或者是急性损伤处理不当转变为慢性损伤。

◆◇ 症状表现

（1）无创伤史，但在身体某一部位有长期的疼痛。

（2）有明确的疼痛点，并且会形成畸形体征。

（3）红、肿、热不明显，但有疼

痛感。

(4) 某项运动或者动作有长期的特殊习惯。

慢性损伤不同于急性损伤,没有红肿热的症状,也就不需要冰敷等处理。但病人还是会主诉某一部位的疼痛。但有的疼痛仅在做某一特殊动作才会发生,而有的在日常生活中(如走路、上下楼梯等)也会发生。

◆◇ 康复方案

1 找到根源

慢性损伤都是有因可循的,所以我们要做的第一步,是先找出这个问题发生的原因。比如某些人腰疼,是因为长期弯腰、跷二郎腿;有些人手腕疼,是因为做手工;而有些人膝盖疼,是因为跑步等。这时候我们首先就需要针对它形成的原因,把根源先切除掉——停止做对它造成损伤的动作,防止损伤进一步加重。

2 促进血液的流通

人体组织的恢复需要一定的时间,也需要营养组织的转运。我们身上的血液就是负责代谢产物和营养组织交换的,血液流通慢,营养物质不足,组织就不会得到很好的恢复。并且很多运动人群在运动后缺乏松解和疏导,肌肉的代谢产物不能及时排出,营养组织的交换就不充分,长此以往就会造成肌肉的弹性下降,肌肉长期处于比较紧且胀的状态,看起来肌肉很结实,其实很容易疲劳,甚至影响关节活动度,久而久之就会形成慢性劳损,出现慢性损伤。

促进血液恢复首先可以进行适量的按摩，顺着血运方向按摩去促进血液流动。其次可以进行一些理疗，比如红外线、蜡疗等，也可以通过其他热敷、泡脚等达到促进血液循环的目的。

注意保暖，在户外时应对疼痛关节重点保护。

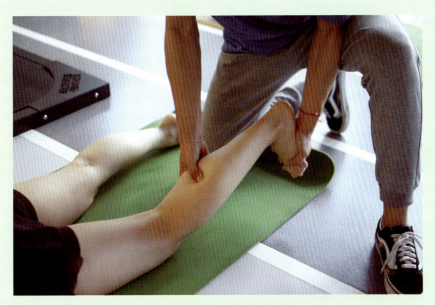

3 进行康复训练

在进行了上述几点之后，接下来就到进行康复训练的阶段了。一般慢性损伤的人群，除了疼痛之外都会伴随着活动度受限、稳定性不足等症状，所以在早期缓解了疼痛之后就要开始进行柔韧性、稳定性的训练。在柔韧性和稳定性改善之后才能再进行肌力的训练，对关节进行进一步的稳定，才能从内部对慢性损伤起到稳定支持的作用，防止二次疼痛的发生，恢复正常的力线和姿势。

特别是对于一些运动人群，往往只注重四肢的向心力量训练，而缺乏核心稳定和骨盆稳定，并且离心训练也不充分，这样的人群很容易出现慢性损伤。所以在后期训练时除了要增强各个关节的协调性，也要增强核心和骨盆的稳定性，这样四肢的运动才会更稳定更协调。

但是对于一些年纪比较大的患者，需要比年轻客户更加小心谨慎一些，在训练过程中要时刻注意自己的身体变化，不宜太激进，防止出现运动损伤。但也不能完全卧床静养，这样会导致全身的身体机能都降低，肌肉萎缩退化，不利于康复。

运动康复是一个循序渐进的过程，所以在这一阶段中一定要有阶段性的康复计划，对每一阶段要设计不一样的康复处方，要在患者的不同时期采取不一样的方法，需要寻得专业人士的帮助，这样才能起到很好的康复效果。

4 氨糖的补充

在运动造成的慢性损伤中，最常见的就是髌骨软化了。它是由于髌骨软骨的磨损而引起的，导致髌骨与股骨在做相互运动时的摩擦增大，从而产生疼痛感。在其他运动慢性损伤里，多数的疼痛也与关节有关，都会导致不同程度的关节磨损。

在老年人中这种情况也很常见，老年人因为年龄的增长，各个系统的能力都会降低，骨质的密度、关节液的分泌等都会大大减少，关节里关节液的减少就像车轴里缺了润滑液一样，运动起来就发涩，在关节里的组织摩擦增大，从而造成软骨的磨损。

第四章
跑步路上的拦路虎——损伤疼痛

软骨主要是通过关节液来吸收营养组织，从而达到自我修复的目的，因为软骨里缺乏血管的走行，没有血液的供应，所以只能靠关节液来吸收营养。但关节液的减少也会对它的修复产生很大的影响。

关节软骨中有一个重要的组成部分，叫作氨糖，它是关节软骨中合成蛋白聚糖所需的重要物质。没听说过氨糖的，对氨糖软骨素是不是更耳熟，一般关节软骨受损的，医生都会开一个氨糖软骨素口服，氨糖一般也是通过口服来吸收的，但是氨糖口服要在体内经过6~8周的合成转化才能被关节吸收。

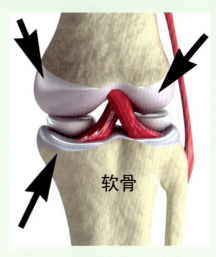

103

补充氨糖的作用如下。

（1）缓解关节疼痛。

（2）催生关节滑液，维持骨质健康。

（3）修复受损半月板及软骨组织，刺激软骨细胞生长。

补充氨糖是慢性损伤的一个处理方法，它对于我们后期的康复有一个很好的作用，还能很好地缓解疼痛感。

氨糖一般分为口服类和外涂类两种。口服类氨糖一般口服需要4周，甚至6~8周时间才能转化为原形态氨糖被吸收。外涂的氨糖，是原形态的氨糖，外涂后可以直接被吸收，能够即刻见到效果。

最后，不管是急性损伤还是慢性损伤都是我们不愿意看到的，所以预防运动损伤是一切的重点，把运动损伤发生的概率降低是我们所追求的，所以在进行运动之前一定要做好热身，运动后要拉伸及放松，日常生活中也应加强肌肉力量，稳定关节，才能更好地预防运动损伤。

第五节
你的关节"膝"牲了吗——跑步膝

谈到跑步，一定有人会说"跑步伤膝"。确实，在跑步的运动损伤里面，膝盖的损伤是最多的。"跑步百利唯伤膝"，事实真是如此吗？

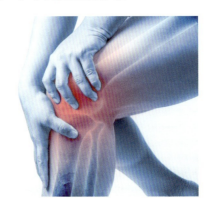

英国BBC有一部纪录片，叫《锻炼的真相》（*The Truth About Getting Fit*）。其中医学记者迈克·莫斯利博士（Dr Michael Mosley）专门拜访了英国运动专家约翰·布鲁尔，探索关于跑步的问题，寻找跑步是否伤膝盖的真相。纪录片中布鲁尔研究给出的结论是：跑步不仅不会伤膝关节，还对膝关节有益。

这与国际权威医学期刊美国《骨科与运动物理治疗杂志》（*Journal of Orthopaedic & Sports Physical Therapy, JOSPT*）于2017年6月发表的《系统性回顾与分析：健身跑步、竞技跑步与髋关节、膝关节骨性关节炎之间的联系》相悖。该研究结论指出，竞技跑者的关节炎发生率为13.3%，久坐不动人群的关节炎发生率为10.2%，而健身跑者的关节炎发生率仅为3.5%。对于普通大众来说，适当运动反而是有利于关节健康的。

第四章
跑步路上的拦路虎——损伤疼痛

健跑者 3.5%　　久坐者 10.2%　　竞技跑者 13.3%

该研究是由美国、加拿大、西班牙和瑞士研究人员组成的研究团队，研究了11万人跑步的情况之后得出的。研究人员指出，长年合理的跑步（10年、15年，甚至更久）是一项非常有益的锻炼，对关节有好处。这是因为关节软骨受到适当的刺激，会促进新陈代谢，润滑和营养关节。相反，如果长期不运动，关节内的滑液无法充分流动，起不了润滑剂的作用，慢慢地废用性退化，关节损伤的概率自然增大。该研究给出的建议是每周最大跑量是92千米。

从上述研究可以看出，跑步对膝关节是有好处的，为啥跑友中出现最多的都是膝关节呢，这不是悖论吗？其实不然，我们先从跑步膝的概念深入地分析跑步膝的问题。

◆◇ 定义

跑步膝，在临床上根本没有这个概念，只是因为很多人跑步出现膝盖疼，就叫作跑步膝。

跑步膝在临床上没有对应的概念，从症状表现上看，一般是髌骨磨损、髌骨软化、髌腱末端病、滑膜炎等。

跑步膝在跑步人群中发生率非常高，在跑者损伤中排名第一位，占所有跑步损伤的25%以上。

◆◇ 症状表现

跑步膝的症状表现比较多，其典型症状有以下几种。

（1）膝盖前面、下方、外侧或者髌骨等附近疼痛，疼痛的位置不明确。

（2）跑步结束后会疼，不跑的时候不疼，严重的时候上下楼梯或者走路都疼。

（3）长时间保持膝盖弯曲坐姿，关节感觉不舒服或者有酸胀感，起来活动的时候感觉发僵、疼痛明显加重，适当调整下才能缓解。

（4）膝盖屈伸的时候，有时出现响声，称之为膝关节弹响。

（5）用手按压膝盖周围有明显的疼痛感，有的时候伴有肿胀。

◆◇ 损伤原因

任何东西都有它的寿命，膝关节也是如此。膝关节的最佳状态只有15年，15~30岁为"完美状态"，之后关节就开始老化。有规律的跑步会产生规律性的压力，可以把更多的氧气和营养物带到关节软骨，有助软骨修复生长，有利于关节健康。但是运动不当，就会加速关节的损伤和老化。

第四章
跑步路上的拦路虎——损伤疼痛

1 超负荷运动

跑步是一种周期性重复运动，每迈出一步，膝盖承受体重八倍以上的压力。如果一个人的体重是70千克，那么膝盖所承受的压力就会达到560千克；如果体重更大，压力则成几何倍增，膝盖压力山大。

另外，研究证实，当周跑量超过64千米，发生跑步伤痛的概率会大幅提高。

2 肌肉力量不足

不少跑友有这样的问题，在跑步的前半程膝盖没啥问题，跑到中程或者后程开始出现疼痛。这是因为跑到中后程时，腿部的肌肉力量下降，无法有效靠肌肉收缩来缓冲地面的冲击力，只能由关节加倍工作来承受负荷，久而久之导致膝盖疼痛。

还有一个非常重要的是，有的跑友看着腿部围度很粗，肌肉力量很强，为啥还会出现疼痛呢？之前有个跑友就是这样，做深蹲等测试，都没啥问题，但做单腿缓慢下蹲的时候就会疼，这属于大腿的离心力量比较差。所以，腿部力量的训练一定要注意离心力量的训练，我们所有的缓冲都是靠肌肉的离心收缩来完成。

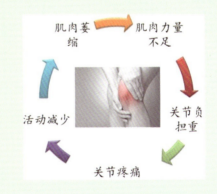

3　跑步姿势异常

膝关节为椭圆关节，在跑步中主要用于过滤震动、支撑身体，膝盖的方向和脚尖方向一致，要朝前；脚的落地位置在身体正下方，这样膝盖会自然弯曲，通过肌肉来吸收落地的冲击，避免伤及膝盖。

不过，大部分跑友的姿势不正确，经常看到驼着背跑、扭着屁股跑等，这些不正确的跑姿，一是增加了下肢的不稳定性，二是增加了下肢局部的应力，都容易诱发疼痛。

与跑步膝关系最密切的有三个动作：一是膝盖的位置，二是着地方式，三是躯干角度。膝盖的位置和着地方式（前脚掌着地、足跟着地、中足着地）不在这里具体介绍了，可参考《国家队教练——教你完美跑姿》图书，有非常详细的介绍。下面我们说一下跑步时躯干的角度。有研究发现，在不改变着地方式的情况下，身体向前倾斜10度左右（仍要保持上半身身体竖直，不是弓背），可以使膝盖压力减少13.4%。因此，适当的身体前倾也是降低跑步膝损伤的关键因素。

4　肌肉紧张

肌肉紧张，可导致肌肉的弹性和伸展性下降，肌肉收缩发力效率降低，牵拉骨关节的力度和角度发生变化，导致膝关节压力增大，最终产生膝关节疼痛。

第四章
跑步路上的拦路虎——损伤疼痛

5 其他因素

跑步前是否热身，让身体动员起来；跑步时穿的鞋子是否合适，给予身体支撑和缓震；足弓是否正确，扁平足、高足弓等异常足弓都会降低缓冲能力。

◆◇ 恢复与预防 ◇◆

运动损伤关键在于预防。关于跑步膝的问题，我们需要做好以下几个措施。

1 良好的运动习惯

既然跑步是为了强身健体，或者酷爱跑步要跑一辈子，良好的运动习惯一定会让你受益。在跑步前一定要做充分的热身，让身体舒展起来，动员肌肉更高效地做功。跑步后及时做放松，可以拉伸，也可以使用筋膜枪或者手法按摩，就是要让肌肉张力降下来，恢复肌肉的性能，不仅可以缓解疲劳，还可以显著降低损伤概率。

另外，不要单纯为了跑步而跑步，跑步过多对身体是一种消耗，每周进行1~2次的体能训练就非常有必要，能帮助提升身体素质，不仅降低损伤的风险，还可以促进跑步成绩的提升。关于跑步体能的内容可以参考《国家队教练——教你如何跑得更快》图书。

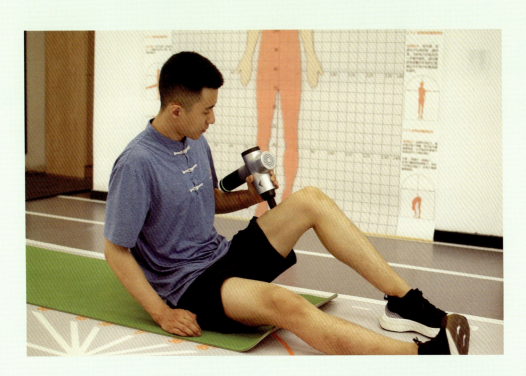

2 营养素的补充

跑步是以下肢为主的重复动作，每次跑步对关节都会有冲击。由于年龄的增大、运动不当、着凉等原因，我们的关节都会磨损，尤其是竞技跑者。

国家队运动员训练强度更大，消耗更多，每天都会补充各种营养素，以保证体能储备和不受伤。在运动康复中心接待过很多跑者，髌骨磨损非常严重，基本告别了跑步。关节好比车轮上的轴承，是运动的枢纽，一定要养护关节。其中，关节磨损会导致氨糖的流失，而氨糖就是关节非常重要的成分，就像钙是骨骼很重要的成分一样。预防骨质疏松要补钙，预防关节磨损一定要补氨糖。

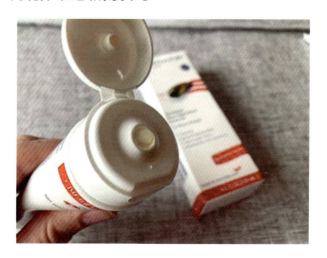

3 护具防护

跑友经常问平时跑步是否需要护具呢？这个问题我们分两个方面回答。

如果我们的身体没什么问题，不建议佩戴护具。护具虽然可以给我们身体很好的支撑，但是会降低我们身体自身的机能，用进废退。另外，经常佩戴护具会产生依赖，没有护具或者防护，心里缺乏安全感。

如果跑步的时候不舒服，或者为了参加马拉松比赛，可以使用护具进行防护。毕竟身体出现问题会导致代偿动作，通过防护手段可以避免身体代偿。参加马拉松比赛等高强度运动，对身体消耗非常大，肌肉和关节会受到巨大负荷，这时护具可以给身体一定支撑，缓解受力。

护具种类很多，比如髌骨带、护膝、小腿套等，其中肌贴也是很好的手段。比如膝盖不舒服，肌贴可以帮助调节股四头肌张力，稳定髌骨，有助于重新分配膝关节的受力，从而保护关节。

第四章
跑步路上的拦路虎——损伤疼痛

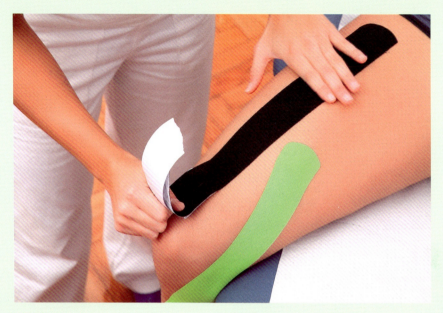

4 合适的鞋子

俗话说："好马配好鞍。"

跑步一定要选择一双合适的鞋。可以根据自己足弓的类型，比如扁平足还是高足弓选择合适的鞋子。也需要考虑是平时跑步穿还是参加马拉松等长距离的比赛穿。平时跑步健身，选择轻质、缓冲比较好的跑鞋就行；参加马拉松等长距离的跑步，对身体的负荷非常大，除了轻质、缓冲好以外，对足部的支撑同样重要。

所以，建议有条件的跑友最好先进行足底压力测试，确定自己的足弓类型和足部受力，然后根据跑步的需求（平时跑步还是参加马拉松），配置2~3双或者更多跑鞋，满足不同条件下的需要。也可以配专属的鞋垫，放到自己的跑鞋里，比较方便，而且更具有针对性。毕竟，跑步是一辈子的事情。

◆◇ 康复方案

跑步需要肌肉不停地收缩，关节不停地屈伸。跑步膝早期可以通过下面的方法进行自我康复。如果超过三天问题没有缓解，甚至还有加重的迹象，一定要及时去专业机构康复，避免问题加重。

案例：有位跑步大神，男，32岁，跑龄5年，平均每年刷八个全程马拉松，近两年成绩非常优异——个人PB（最好成绩）2小时47分，每场全马3小时以内。不过，最近一场比赛花了4小时才完赛，不是自己的水准。后来聊到他在开赛前一周就感觉膝盖不对劲，尤其是髌骨里面。通过网络搜索相关知识，自己诊断为"跑步膝"。这位大神觉得自己年轻,身体素质好,恢复能力不错,就决定静养几天进行自我修复。休息了一周后确实不怎么疼了,但一开始跑膝盖就"缴械投降"了。坚持比赛后去医院一拍片子,髌骨软化,已经磨损了2/3的关节面,还伴随半月板1度损伤。无奈,他只能告别往日辉煌,安心康复。

下面我们介绍跑步膝自我康复的两个方案:一是手法按摩的三板斧,可以缓解症状;二是康复训练,强化关节功能,达到"内外兼修",预防再次受伤。

1 手法按摩

1)拧

方法:坐位,一只手放在大腿的后面,另一只手放在大腿的前面,这时候做拧毛巾的动作。1~2分钟/次,重复2~3遍。一定要能感受到大腿的肌肉,尤其要使靠近膝盖位置的肌肉,能够松弛下来。

目的:放松膝盖周围紧张的肌肉,降低肌肉张力。

注意事项:拧的时候要把肌肉放在手里,不是在拧衣服或者皮肤,而是让肌肉都动起来。

2)抠

方法:坐位,将同侧的手掌放在膝盖上,用手指指腹抠膝盖(尤其是膝盖骨周围)周围或者有问题的地方;把手放在膝盖后面,用手指指腹抠膝盖窝。每个痛点抠15~20次,重复2~3遍。

目的:处理疼痛点,也就是病灶点,缓解疼痛,促进恢复。

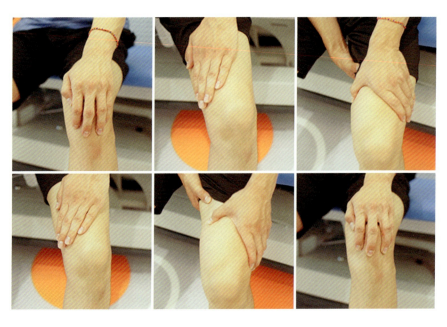

注意事项：抠的时候一定要有点疼痛感，如果没有一点疼痛感，基本没什么效果。另外不要在同一个痛点上连续抠，否则会加重病情，而是处理完一个，然后换位置，再回来重复做。膝盖有肿胀的，建议不要做这个动作。

3）搓

方法：坐位，将同侧的手掌放在膝盖上，来回地揉搓，然后再放在膝盖的后面，揉搓膝盖窝。连续揉搓2~3分钟，可以重复1~2遍。一定要让膝盖有发热的感觉，从而促进血液循环，这说明动作做到位了。

目的：改善局部血液循环，促进组织代谢和修复。

注意事情：揉搓的速度要快一点儿，略微有点力度，让膝盖热起来。揉搓的时候可以涂抹氨糖等按摩乳。

2 康复训练

1）直腿上摆

作用：锻炼臀中肌。

动作要领：侧卧，将一侧腿稍向后伸，向上尽可能抬起至最高处，再控制其缓慢下落但不触地。保持骨盆不动，脚尖朝前而不能朝上翻转。

动作呼吸：呼吸时抬腿，吸气时下落。

动作感觉：臀部偏外侧位置会有发力感。

动作强度：16次/组，完成2~3组。

2）贝壳式

作用：锻炼臀中肌。

动作要领：屈髋屈膝并腿侧卧，发力将上腿如同贝壳般打开，然后缓慢下放，过程中保证脊柱和骨盆不动，注意力在臀部。

动作呼吸：呼气时打开，吸气时下放。

动作感觉：臀部偏外侧有发力感。

动作强度：16次/组，完成2~3组。

3）仰卧挺髋

作用：锻炼臀大肌和大腿后侧肌肉。

动作要领：屈膝仰躺于瑜伽垫上，足跟靠近臀部，勾脚尖，用上背部和足跟作为支撑点将臀部尽量抬高。

动作呼吸：呼气时抬起，吸气时下放。

动作感觉：发力感主要在臀部，大腿后侧，腰腹也会有一定的感觉。

动作强度：16次/组，完成2~3组。

4）侧臀桥

作用：锻炼支撑侧侧腹肌肉以及臀中肌。

动作要领：侧躺，肘撑地，臀部发力将躯干抬起至与身体成一条直线，缓慢还原至初始位置但髋部不要触地。保证骨盆稳定、腰背挺直。

动作呼吸：呼气撑起，吸气下放。

动作强度：15次/组，做2~3组。

5）半蹲

作用：锻炼大腿前侧，臀部肌肉。

动作要领：双足稍宽于肩宽站立，髋关节屈曲，慢慢下蹲至深蹲位，尽量保持全脚掌着地；上身保持正直。

动作呼吸：保持正常呼吸。

动作感觉：大腿前侧臀部以及小腿都会有发力感。

动作强度：16次/组，完成2~3组。

6）手抓踝屈膝挺髋

作用：拉伸股四头肌。

动作要领：身体中正，髋部前顶。

动作呼吸：吸气准备，呼气慢慢用力。

动作感觉：大腿前侧有轻微拉伸感。

动作强度：15秒/次，2~3次。

7）站立位"4"字腿下压

作用：拉伸臀部肌肉。

动作要领：支撑腿后撤，身体前倾，骨盆中正，左右交换动作。

动作呼吸：吸气准备，呼气缓慢下蹲。

动作感觉：跷起腿臀部会有拉伸感。

动作强度：15秒/次，2次。

8）俯身勾脚

作用：拉伸腘绳肌。

动作要领：膝关节伸直，保持骨盆中正，双手抓住脚尖，尽力勾脚，左右交换动作。

动作呼吸：吸气准备，呼气缓慢去碰脚尖。

动作感觉：大腿后侧有拉伸感。

动作强度：15秒/次，2~3次。

第六节
隐藏在膝盖周围的杀手——髂胫束摩擦综合征

说起髂胫束摩擦综合征，大家可能会觉得陌生，在跑步人群中发病率约为10%，仅次于跑步膝，是第二高发病症。无论刚刚跑步的小白还是身经百战的大神，基本都经历过被它折磨。

◆◇ 定义

髂胫束位于人体大腿外侧，是阔筋膜张肌向下移行的肌腱。从人体解剖来看，髂胫束就是附着在大腿外侧的一根筋，是稳定骨盆和膝盖外侧的重要结构之一，也是保持人体直立的重要结构。

试想一下，如果没有髂胫束连接，在运动过程中，整个身体的重量都将直接通过股骨传递至小腿，对关节造成巨大的压力和伤害。髂胫束存在的意义则是承担了一部分力量，为运动提供更好的模式。

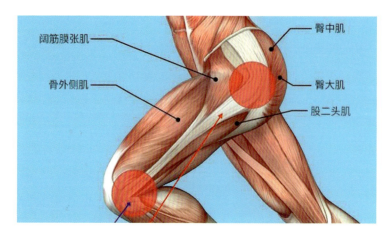

◆◇ 症状表现 ◇◆

髂胫束摩擦综合征，是指髂胫束摩擦股骨外髁与下方的滑囊所造成的病症，主要症状表现如下。

（1）膝盖外侧及大腿外侧疼痛，多为刺痛，不敢屈膝，也不敢伸膝。

（2）跑步后出现疼痛，严重的跑步过程中会出现疼痛，尤其是跑完马拉松。

（3）局部按压时会有明显疼痛，髂胫束异常紧张。

（4）急性期的时候膝盖外侧有肿胀。

（5）平时走路影响不大，跑步时容易复发。

◆◇ 损伤因素 ◇◆

当我们跑步的时候，膝关节免不了要做长时间、反复的屈伸。这时候，髂胫束就会和膝关节外侧的骨头凸起（股骨外侧髁）摩擦。引起髂胫束摩擦综合征的原因不止这一个，可归纳为以下几点。

1 跑步姿势异常

跑步姿势不正确，比如膝盖内扣、膝盖不稳、扭屁股等都会导致膝关节额外受力。引起跑步姿势异常因素也有很多，下肢生物力学结构异常，如X形腿、O形腿、扁平足、高足弓等；肌肉紧张以及肌肉力量不足。

2 肌肉紧张

跑步过量，平时放松不足，导致髂胫束紧张，臀中肌、大腿内侧以及后侧肌肉紧张，股四头肌柔韧性下降，都会诱发髂胫束摩擦综合征。

3 肌肉力量薄弱

臀部力量过于薄弱，尤其是髋外展肌群不能稳定骨盆；股四头肌内外侧头肌力不平衡，引起髌骨不稳。这些不稳定因素，都会导致膝关节受力过大。

第四章
跑步路上的拦路虎——损伤疼痛

◆◇ 康复与预防 ▽

髂胫束摩擦综合征之所以折磨跑者，是因为一跑步就痛，跑步一结束就缓解，但再次跑步又重复出现疼痛。

髂胫束出问题时可以冰敷痛点或者涂抹扶他林，能够有效地消炎镇痛，缓解症状。也可以手法或者泡沫轴按摩，以放松臀部和大腿外侧的肌肉，但早期不要刺激膝盖外侧，容易激惹症状，反而加重。另外注意休息，避免运动。如果需要的话可以使用肌贴或者加压护膝。

为什么牵拉、松解了髂胫束后，膝盖外侧还是出现疼痛或者反复呢？这是因为大家只看到了表象，而忽视了本质的东西：两块容易紧张但是极为重要的肌肉——臀大肌和臀中肌。

臀大肌是跑步过程中动力的来源，髋关节向后伸展也在我们向后蹬的动作中起到了重要的作用。从解剖上来看，臀大肌的部分肌肉纤维也会和髂胫束相连，所以臀大肌的不断收缩势必会不断牵扯到髂胫束，从而造成紧张。由此看来，臀大肌的松解和牵拉非常重要。

臀中肌的作用是使髋关节外展、外旋，并通过外展髋关节来控制膝关节的稳定。如果臀中肌没能很好地激活或者肌肉力量不足便会增加阔筋膜张肌使用的程度，即造成代偿。长期使用便会引起髂胫束的疲劳、紧张，最终造成膝关节外侧疼痛。

所以说髂胫束综合征不仅仅是髂胫束本身的问题，阔筋膜张肌、臀大肌、臀中肌才是根本，切忌治标不治本。因此，要想彻底康复髂胫束综合征，关键在于重新建立肌肉的发力模式。

在进行髂胫束综合征康复的时候，首先要松解臀大肌、阔筋膜张肌、髂胫束，然后激活与强化臀中肌（如果伴随臀中肌紧张，松解臀中肌也是十分必要的），最后对错误的跑姿进行纠正。具体过程如下。

1 泡沫轴松解臀大肌

作用：臀大肌松解。

动作要领：用泡沫轴或者网球放于放松侧臀部，手脚支撑，来回滚动，过程中不要出现弓腰的情况，可在最痛点压迫停留。

第四章
跑步路上的拦路虎——损伤疼痛

动作呼吸：过程中保持均匀呼吸。

动作感觉：臀部会有明显酸痛感。

动作强度：松解1~2分钟，可在最痛点压迫20秒。

② **臀大肌拉伸**

作用：松解臀大肌。

动作要领：仰卧位，抱拉伸侧腿膝盖向胸部靠近，保持骨盆稳定，腰部不能弓起。

动作呼吸：吸气准备，呼气缓慢用力。

动作感觉：臀部后侧会有拉伸感。

动作强度：保持30秒/组，3组。

③ **阔筋膜张肌松解**

作用：松解阔筋膜张肌。

动作要领：侧卧找到阔肌膜张肌（我们裤子的侧兜所在的区域），用泡沫轴或者网球放于该位置下面滚动（不要压到骨头和关节）。

动作呼吸：过程中均匀呼吸，最痛点压迫时呼气用力。

动作感觉：臀部外侧有酸痛感。

动作强度：松解1~2分钟，可在最痛点压迫20秒。

4️⃣ **髂胫束松解**

作用：松解髂胫束。

动作要领：侧卧位，用泡沫轴或者网球放于大腿外侧下面滚动（不要压到骨头和关节）。

动作呼吸：过程中均匀呼吸，最痛点压迫时呼气用力。

动作感觉：大腿外侧有酸痛感。

动作强度：松解1~2分钟，可在最痛点压迫20秒。

5️⃣ **髂胫束牵拉**

作用：松解髂胫束。

动作要领：拉伸侧脚交叉放在另一侧脚后外侧，身体就要向对侧弯曲，尽量达到最大幅度、保持骨盆和上身不能出现扭转，或者单手扶墙牵拉，将一侧脚放在另一侧脚后外侧，双手叉腰，或者同侧手经头顶向对侧伸。

动作呼吸：吸气准备，呼气缓慢侧屈。

动作感觉：臀部及大腿外侧会有牵拉感。

第四章
跑步路上的拦路虎——损伤疼痛

动作强度：保持30秒/组，3组。

6 贝壳式

作用：锻炼臀中肌。

动作要领：屈髋屈膝并腿侧卧，发力将上腿如同贝壳般打开，然后缓慢下放，过程中保证脊柱和骨盆不动，注意力在臀部。

动作呼吸：呼气时打开，吸气时下放。

动作感觉：臀部偏外侧有发力感。

动作强度：16次/组，完成2~3组。

7 侧桥

作用：锻炼支撑侧侧腹肌以及臀中肌。

动作要领：单侧着地，用脚或膝支撑，在保持脊柱稳定的情况下，动用臀部肌肉抬起你的躯干，核心肌群也要参与固定。重复上述动作。

动作呼吸：呼气撑起，吸气下放。

动作强度：10~30次/组，做2~3组。

侧向移动

作用：锻炼臀中肌。

动作要领：微弯曲膝盖，保持下蹲姿势，向一侧行走，在不改变面向的情况下，再向另一侧行走，这是第一阶段。进阶动作：用弹力带绑在膝盖附近，弹力带需要有相应的弹性，以便在全范围运动阶段提供足够的抵抗力。

动作呼吸：过程中均匀呼吸。

动作感觉：臀部偏外侧有发力感。

动作强度：10步/组，3~5组。

⑨ 单腿下蹲

作用：锻炼臀中肌。

动作要领：用一条腿站立，下蹲到大腿平行于地面。维持骨盆中立位，并使动作缓慢而有控制。确保膝盖不内扣。

动作呼吸：吸气准备，呼气下蹲。
动作感觉：臀部有发力感。
动作强度：5~10次/组，3组。

10 运动模式迁移

保持臀肌发力：除了在训练时学习、体会臀肌（尤其是臀中肌）发力的感觉外，在日常生活中也要学会"迁移"，学以致用。比如行走，这就是一个学习臀肌激活的好机会，夹紧臀肌，路能走得更直，身姿也更挺拔；如果放松臀肌前行，则更趋近于"鸭子步"状态，躯干甚至会产生左右摇晃。但这也并非让大家时时刻刻体会臀肌发力的感觉，而是该用到它的时候我们能迅速反应过来，并使用之。这种习惯将会对我们的跑步大有裨益！

除了以上训练，我们还要充分做好准备活动，训练前动态牵拉髂胫束和激活臀中肌尤为重要，如果出现了膝关节外侧疼痛，请立刻缓下来甚至停下来；如果不管不顾，很有可能会造成整个膝关节疼痛，更有甚者会导致髋关节以及脚踝的疼痛，所以各位跑友如果你现在存在膝关节外侧疼痛的情况，那么就抓紧时间进行解决吧！

第七节
小腿前侧硬如钢,小心引发胫前疼痛

相信很多跑友都有这样的经历,尤其是刚开始跑步或者长时间不跑的跑者,小腿前侧出现疼痛,勾脚的时候会更明显。大概率事件这就是胫前疼痛,也称为骨膜炎。

◆◇ 定义

骨膜炎,是指由于骨膜及骨膜血管扩张、充血、水肿或骨膜下出血,血肿机化,导致的骨膜增生及炎症性改变。骨膜炎的发生部位多为胫骨,一般由过度疲劳引起,所以又称为疲劳性胫骨骨膜炎。

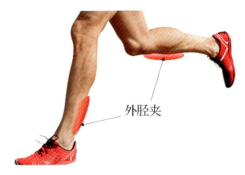

外胫夹

胫前骨膜炎疼痛的位置多在胫骨下面的三分之一附近,是由于小腿肌肉僵硬,跑步过程中受到过大的应力而导致

第四章
跑步路上的拦路虎——损伤疼痛

的疼痛。其实就是落地的时候，小腿或脚踝的缓冲能力不足，使落地震荡的应力过多地作用在小腿上。

◆◇ 症状表现 ▽

（1）胫前疼痛，多在跑步途中或者跑步后出现，休息后能够缓解，运动的时候疼痛加重。

（2）早前的时候表现为小腿前侧肌肉紧张、不舒适，但还可以继续跑。

（3）当反复出现小腿前侧肌肉紧张、僵硬，后续就会引发疼痛，严重的时候每跑一步就会有剧烈疼痛，像针扎刀割一样。

（4）用手按压胫骨前侧，肌肉硬如石头，并有酸痛感、刺痛感，有的伴有肿胀。

◆◇ 损伤原因 ▽

胫前疼痛的根本原因在于胫骨前侧应力的增加。引起胫骨前侧应力增加的因素非常多，下面一一介绍。

1 肌肉紧张牵扯

跑步落地时，地面的反作用力使胫骨前肌紧张；跑步蹬离地面时，小腿屈肌肌群反复收缩发力牵扯胫骨骨膜。如果长时间跑步，不注意恢复，使肌肉过度紧张、疲劳，整个骨膜不断地牵扯，会刺激骨膜引起无菌性炎症。

2 足弓异常

从运动生物力学分析，在跑步过程中，足部着地支撑承受的瞬间冲击力是体重的数倍。足弓就像一个弹簧，在落在地面时足弓压缩，吸收并减缓冲击力，落地的冲击力可以被吸收储存，通过回弹方式释放能量。如果扁平足、高足弓等其他异常足弓的弹性功能减弱，参与构成与控制足弓的肌肉——胫骨前肌、胫骨后肌等就会变得很紧张。胫骨前肌和胫骨后肌包裹在骨头前后，如果这两个肌肉长期处于紧张状态，就会增加胫骨应力。

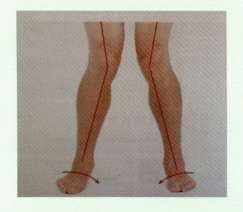

3 肌肉力量薄弱

在我们走路、跑步、从高处跳下来的过程中，落地时都会受到地面的反作用力，然后小腿肌肉通过收缩以及自身的特性，将这一部分力缓冲掉。走路落地时地面反作用力相对较小，对肌肉的要求不高，而跑步就不一样了，跑步过程中需要反复腾空落地，每一次胫骨都会受到地面的反作用力，都需要肌肉收缩进行缓冲。小腿肌肉力量薄弱，脚踝落地时地面对小腿的反作用力直接作用在胫骨，肌肉不能帮助分担、缓冲冲击力，从而造成骨膜的细微损伤，久而久之就容易得骨膜炎。

4 跑步姿势不正确

跑步的时候可以注意听一下脚步落地声，有的跑友基本听不到落地声，有的能够听到重重的落地声。如果脚步声比较重表示跑步姿势一定存在问题。此时脚踝的缓冲能力比较差，对胫骨的应力就会增加，从而造成相应的运动损伤。

5 其他因素

初次参加运动或长时间没有运动突然进行大强度运动；在水泥地、岩石路等地面较硬的道路上跑步；身体超重；穿不合适的鞋子等，都会引起胫前疼痛。

◆◇ 康复方案 ▽

胫前疼痛的康复，可以先放松肌肉或者缓解疼痛，然后再针对性地做些康复训练。

1 滚压胫骨前肌

作用：松解胫骨前肌。

动作要领：利用身体重力调整滚压

第四章
跑步路上的拦路虎——损伤疼痛

的力度，患侧滚压时动作缓慢，有轻微的疼痛感。

动作呼吸：过程中均匀呼吸，最痛点压迫时在呼气的状态下用力。

动作感觉：小腿前外侧会有酸痛感。

动作强度：1~2分钟/组，2~3组，组间休息60秒。

2 拉伸小腿三头肌

作用：松解小腿三头肌。

动作要领：自然站立，双脚分开前后站立，前脚后跟着地，后腿屈膝，身体前倾增加小腿牵拉感。

动作呼吸：吸气准备，呼气缓慢用力。

动作感觉：小腿后侧有拉伸感。

动作强度：25~30秒/组，3~5组，组间休息15秒。

129

3 静力性踝关节背曲

作用：增加踝背曲。

动作要领：全身放松，膝关节微屈，脚跟着地，尽力勾脚并保持。

动作呼吸：吸气准备，呼气缓慢用力。

动作感觉：小腿后侧有拉伸感。

动作强度：30~45秒/组，3~5组，组间休息15秒。

4 单脚提踵

作用：锻炼小腿三头肌。

动作要领：全身放松，膝关节微屈，脚跟着地，尽力勾脚并保持。

动作呼吸：吸气准备，呼气缓慢用力。

动作感觉：小腿后侧有拉伸感。

动作强度：12~15次/组，2~3组，组间休息30秒。

◆◇ 恢复与预防 ◇◆

胫前疼痛，一定要重视预防。反反复复出现胫前疼痛，最终可能会诱发疲劳性骨折。

（1）遵循10%规则：初跑者或者长时间不运动的跑者，要循序渐进地增加跑量，每周增加的跑量不要超过10%。

（2）强化体能训练：平时加强小腿、臀部等肌肉力量，改善下肢的灵活性，纠正错误的动作模式。

（3）缩小步幅：步幅过大会增加小腿的受力，为了提升跑速，不要单纯追求增大步幅。

（4）运动时穿上合适的跑鞋，尽可能避免在水泥地等坚硬路面上跑跳。

（5）如果小腿肌肉感觉不舒适，可以贴上肌贴或者运动护具进行防护。

第八节
跑步小腿疼是怎么回事

跑步小腿疼痛是跑友很常见的问题，小腿疼痛的位置不一样，表现的问题也不同。如果主要是小腿前侧疼痛，基本是胫骨前肌的问题，我们在下一章节详细介绍。小腿后侧疼痛，也就是我们常说的小腿疼痛。

谈到小腿疼痛，我们一定要区分小腿肌肉的酸痛反应和小腿肌肉疼痛。

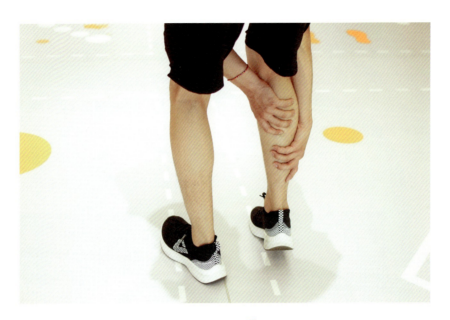

如果刚开始跑步或者跑步增加运动强度,第二天小腿出现酸痛反应,这属于延迟性肌肉酸痛,是一种正常的反应。如果这个反应两三天仍然没有缓解,或者加重了,就是小腿肌肉疼痛。

◆◇ 症状表现 ◇◆

(1) 小腿疼痛早期表现的症状可能和延迟性肌肉酸痛反应一样,有酸痛症状。

(2) 早期也可能表现为小腿肌肉发紧,腿沉,跑起来不轻松。

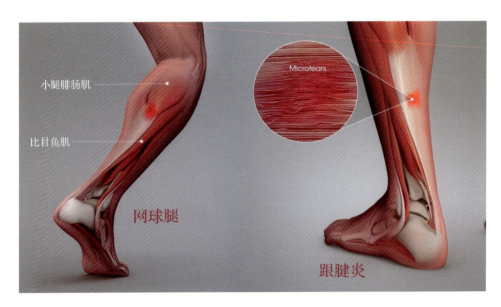

第四章
跑步路上的拦路虎——损伤疼痛

（3）随着病情发展，小腿肌肉或者膝盖窝疼，大部分为胀痛，少数为撕裂痛。

（4）用手按压小腿，有明显的疼痛反应，还有的能感觉到里面"疙疙瘩瘩"，就是小腿肌肉粘连了。

◆◇ 损伤原因

从细节上来说，小腿肌肉酸痛的原因有很多。

1 运动疲劳

跑步需要小腿肌肉扒地，提供动力。这需要小腿承受很大的负荷，尤其是跑速太快、跑量过多，以及跑姿不正确，造成小腿反复出现细微损伤。

2 肌肉紧张

小腿肌肉长时间处于疲劳紧张的状态，平时放松不到位，会刺激肌纤维和毛细血管的损伤。反过来，肌肉弹性和伸展性下降，突然发力，可能会导致肌肉拉伤。

3 着凉

运动后出汗需要及时更换衣服，尤其是在天冷有风的时候。运动时体温升高，代谢加快，突然遇冷会使肌肉收缩，引起局部血液循环降低，导致炎性代谢产物的堆积，出现腿沉或者酸痛，慢慢地发展为小腿疼痛。

◆◇ 恢复与预防

之前有位跑友，男，40多岁，主诉小腿肌肉疼痛。该跑友规律跑步有两年多的时间，平时也会参加越野比赛。在来的两个月前，在跑步机上跑步，跑量比平时的稍微大一点，跑的过程中没有出现明显不适的情况，跑完之后出现疼痛，休息几天后就缓解了。他又开始跑步，跑到10公里左右出现疼痛。自己采取了拉伸、按摩等方法恢复，有缓解但是还是会有疼痛。前几天又跑了十多公里，疼痛加重，目前走路也会有明显的疼痛感。

经过一系列的评估发现，痛点集中在小腿的后内侧，而且是比较深的位置；周围有明显肿胀，皮肤温度也较高；小腿肌肉比较紧张，尤其是伤侧小腿，臀部肌肉力量较弱；跑步姿势也存在一定的问题，但最主要的原因还是由于长时间累积所致。

第四章
跑步路上的拦路虎——损伤疼痛

针对该跑友的情况，首先要解决疼痛的问题。通过两次手法和筋膜枪的处理，松解肌肉，改善其循环，疼痛明显缓解。然后处理深层肌肉的问题。第三次用重手法配合按摩乳处理小腿后侧深层的肌肉，解决肌肉粘连，使症状完全缓解。再配合下肢的康复训练，逐步恢复跑步，这个过程中该跑友没有再出现疼痛，并且在比赛中取得了很不错的成绩。

通过上述案例，我们基本清楚如何解决小腿疼痛了。比如用泡沫轴或者筋膜枪放松下肢的肌肉，用手法按摩或者外涂氨糖，改善局部的循环，尤其是对小腿疼痛伴有腿沉的跑友，一定要先手法按摩膝盖窝和小腿的肌肉，促进代谢，很快就能缓解症状。

除了消除疼痛以外，要想预防问题反复出现，康复训练必不可少，下面具体介绍一下如何做康复训练。

1 站立位"4"字腿下压

作用：拉伸臀部肌肉。

动作要领：支撑腿后撤，身体前倾，骨盆中正，左右交换动作。

动作呼吸：吸气准备，呼气缓慢下蹲。

动作感觉：跷起腿臀部会有拉伸感。

动作强度：15秒/次，2次。

2 俯身勾脚

作用：拉伸腘绳肌。

动作要领：膝关节伸直，保持骨盆中正，双手抓住脚尖，尽力勾脚，左右交换动作。

动作呼吸：吸气准备，呼气缓慢伸手去碰脚尖。

动作感觉：大腿后侧有拉伸感。

动作强度：15秒/次，2~3次。

3 交叉腿侧倾

作用：拉伸髂胫束。

动作要领：重心在后脚上，身体尽力向对侧倾，左右交换动作。

动作呼吸：吸气准备，呼气身体向对侧倾。

动作感觉：大腿外侧会有拉伸感。

动作强度：15秒/次，2次。

4 手抓踝屈膝挺髋

作用：拉伸股四头肌。

动作要领：身体中正，髋部前顶。

动作呼吸：吸气准备，呼气慢慢用力。

动作感觉：大腿前侧有轻微拉伸感。

动作强度：15秒/次，2~3次。

5 静力性踝关节背曲

作用:增加踝背曲。

动作要领:全身放松,膝关节微屈,脚跟着地,尽力勾脚并保持。

动作呼吸:吸气准备,呼气缓慢用力。

动作感觉:小腿后侧有拉伸感。

动作强度:30~45秒/组,3~5组,组间休息15秒。

6 单脚提踵

作用:锻炼小腿三头肌。

动作要领:核心收紧,保持身体中立位,一只脚支撑,另一只脚抬起,前脚掌蹬地,将整个身体抬起。

动作呼吸:吸气准备,呼气快速用力抬起,吸气缓慢落下。

动作感觉:小腿后侧有发力感。

动作强度:12~15次/组,2~3组,组间休息30秒。

第四章
跑步路上的拦路虎——损伤疼痛

第九节
"阿基里斯腱"之痛——跟腱炎

跟腱，又名阿基里斯腱，是人体最大的肌腱，背后有一个神话故事：阿基里斯是希腊神话中的一位伟大的英雄，全身刀枪不入，骁勇善战，取得了赫赫战功。但在阿基里斯攻占特洛伊城奋勇作战之际，帕里斯一箭射中了阿基里斯的脚后跟，这是他全身唯一的弱点，要了他的命。在阿基里斯被后人传颂的时候，阿基里斯腱也逐渐成了跟腱的代名词。

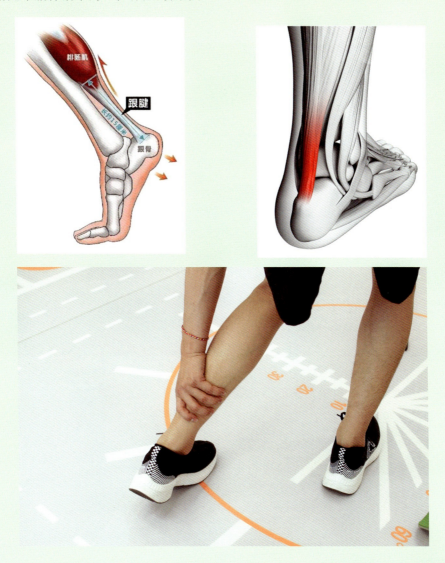

139

跟腱作为人体最粗壮的肌腱,"责任"也是最重的。但凡我们需要走、跑、跳、投,就离不开跟腱。这与它的解剖结构密切相关,跟腱上接小腿三头肌,下连跟骨,负责脚踝的跖屈(绷脚)、传导力量、缓冲来自于地面的作用力、维持身体的平衡。

跟腱在人体的活动和运动中承受着巨大的负荷,由于运动不当等原因会导致跟腱出现疼痛,就是我们常说的跟腱炎。谈到跟腱炎,最为熟知的就是我国著名的跨栏运动员刘翔,由于跟腱的问题最后不得已退役。据统计,超过50%的运动员被跟腱炎困扰,而这其中13%的人因此结束了职业运动生涯。其实,大众发生跟腱炎的概率也是蛮高的,尤其是运动爱好者、体力劳动者和肥胖人群。

跟腱炎,是跑步中常见的运动损伤,真的是跟腱发炎了吗?其实,跟腱炎不是一种细菌炎症,而是肌腱的胶原纤维排列紊乱,发生微小的断裂或钙化的退行性疾病,属于劳损。

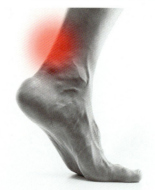

◆◇ 症状表现

跟腱炎按照发病时间，可以分为急性跟腱炎和慢性跟腱炎。急性跟腱炎一般症状持续在两周之内；慢性跟腱炎一般症状持续在六周以上。

（1）跟腱炎最主要的症状就是疼，一般是脚后跟或者脚后跟上方6厘米左右。

（2）早晨起来落地、运动刚开始或者运动量增大时就会出现疼痛，多为刺痛。随着病情加重，不运动的时候也会出现疼痛。

（3）脚踝的活动度受限，也不能单脚负重或者提踵。

（4）急性期时可发现跟腱或者脚后跟有肿胀，按压时疼痛。

（5）跟腱炎反复发作，手捏跟腱感觉僵硬，跟腱外感觉包裹着一层东西，按压时疼痛。

（6）跟腱炎严重的会导致跟骨骨刺，甚至跟腱断裂。

◆◇ 损伤原因

跟腱是人体最大的肌腱，看起来非常强壮，其实也比较脆弱。原因在于，我们日常的活动和运动，尤其是跳跃性的动作，都需要跟腱参与。正常情况下，跟腱非常有弹性，像弹簧一样，当受到反复牵拉或者其他原因导致组织脆化时，就容易出现问题。

1 过度使用

人类的器官在进化史上经历了"用进废退"的筛选，如今大多受伤的结构往往也是由于"毫无节制"地使用而付出了代价，跟腱就是最明显的例子。

许多跑友患有跟腱炎，就是因为跑量过大。无论是哪种着地方式，在落地及向前过渡的整个过程中，跟腱始终承担着非常重要的作用。它给我们的脚提供了非常好的弹性，相当于是小腿的弹力发射装置，让我们在落地的一瞬间能够快速地提起小腿继续向前迈步。另外，跑步腾空的动作，当单脚落地的时候，跟腱要承受10倍以上提踵的负荷。因此运动过量，又得不到及时放松，反复牵拉跟腱，久而久之就会出现疼痛。

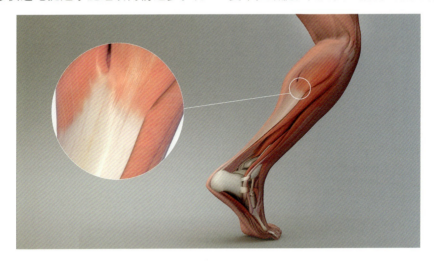

2 足弓塌陷

相信好多人都听说过"扁平足"——足弓塌陷。约20%的人群有扁平足，但这并不代表他们会得跟腱炎，只是损伤风险较常人来说会增加。如果在跑步过程中还伴随足外翻（跟骨轴线与跟腱轴线成一夹角），就得引起重视了。因为一旦力线传导失衡，冲击力无法有效地被缓冲，便会增加跟腱的不良受力，长此以往便会引起跟腱炎。

3 小腿肌肉力量薄弱

跑步，尤其是马拉松，是一项高强度的运动，每次落地的时候都会对身体产生非常大的冲击力。肌肉力量强大不仅能够提供动力，而且可以吸收震动，避免损伤。如果小腿肌肉力量比较薄弱，就不能很好地吸收落地的冲击力，同时不能很好地控制脚的位置，从而导致跟腱炎。

4 小腿肌肉紧张

小腿肌肉紧张过度，会限制脚踝的灵活度，尤其是限制脚踝的背屈（勾脚）。小腿肌肉紧张，会导致跟腱的张力较高。在跑步的时候又要蹬地爆发力，进一步加剧跟腱的张力。

5 脚踝灵活性不足

小腿肌肉紧张，或者脚踝活动度不足，会导致脚踝的灵活性不足，进而降低下肢的缓冲能力，不能很好地吸收地面的冲击力。

6 其他因素

比如肥胖、鞋子不合适，增加了跟腱的局部受力。使用类固醇等激素药物，会让跟腱等组织弹性、伸展性变差。

◆◇ 自我评估 ◇◆

首先要看看自己是否出现了相关的症状。早期最主要的是疼痛和肿胀，尤其在高强度运动后更容易激惹；休息后能够缓解，一运动又会出现，容易反复。慢性跟腱炎往往到后期才会被发现,最明显的特点是"僵""着地疼"。"僵"主要指僵硬,比如晨起会感觉脚踝突然被锁住了一样,不自如。"着地疼"通常在维持某一姿势久了,突然变化体位时才诱发出来,稍稍蹬地或起身都会觉得难以忍受,试着踮两下脚又会缓解;但如果足够严重的话,疼痛会蔓延至整个脚踝后部。

其次,可以用手捏一下跟腱两侧以及足跟,有没有明显疼痛、跟腱的弹性如何。

最后,"自我检讨"一下以上罗列的损伤因素,你中了哪几招?如果有中招,请引起重视。

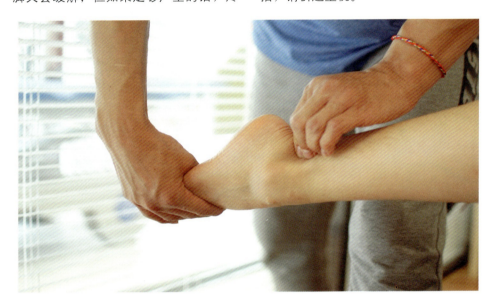

◆◇ 恢复与预防 ◇◆

跟腱炎的问题,可大可小,就看我们是否重视。如果反复出现疼痛,不及时进行康复,会导致问题越来越严重,最终可能会让我们告别跑道。

在介绍跟腱炎如何恢复与预防之前,我们先探讨下封闭的作用。

封闭是个万能药,能否哪儿疼打哪里?

封闭,很多跑友并不陌生,有的人还打过。封闭是将一定浓度和容量的强的松龙注射液和盐酸普鲁卡因(或它们的同类药物)混合,注射到疼痛的区域。因为含有激素和麻醉药,它对消炎止痛能起到立竿见影的效果。

封闭虽然效果非常神奇,但是一般情况下不推荐采取这种方式治疗。关键是,里面含有类固醇激素,会增加软组织的脆性,降低组织的弹性和伸展性,降低组织的韧性。而且每使用一次,都

第四章
跑步路上的拦路虎——损伤疼痛

加剧这种风险，导致跟腱等组织的断裂风险增大。

在跟腱炎的损伤因素里面，我们谈到过类固醇激素是损伤的因素之一。所以，封闭是把双刃剑，在选择的时候一定要慎重。

下面我们从几个方面谈一下跟腱炎的恢复与预防。

1 休息

出现跟腱炎第一要务就是休息，减少跟腱的用力。之前遇到过一位跑友，症状很轻，来运动康复中心治疗后建议其回家休养一周，配合康复训练，之后再循序渐进地上跑量。奈何该跑友觉得自己身体素质好，恢复能力强，第二天感觉好些后就去奥林匹克森林公园刷了个半马，结果是整个跟腱都肿了，足跟还充血，影响恢复时间。休息并非放弃治疗，而是给我们的身体一个缓冲时间，让机体以进行自我修复。

2 消除疼痛

消除疼痛的方法很多，可以采用非甾体类的抗炎止痛药物，比如口服芬必得，或者外涂扶他林。

建议外涂扶他林，避免口服药物。在国家游泳队的时候，我通常会这样使用：把扶他林涂在纱布上，然后用纱布包裹在疼痛的部位，到第二天早晨再去掉，效果非常不错，可以尝试一下。皮肤过敏的请注意。

消除疼痛也可以做些理疗，比如冲击波、超声波等。手法按摩，配合外涂的氨糖等按摩乳也是不错的方法。早期有肿胀的可以进行冰敷。

[3] 康复训练

等疼痛减轻后，可以逐步开展康复训练，比如拉伸或者用泡沫轴、筋膜枪放松小腿的肌肉；增加小腿的肌肉力量，尤其是小腿肌肉的离心力量；提高脚踝的本体感觉，以及脚踝的灵活性等。

1）放松小腿肌肉

用泡沫轴滚小腿三头肌（1分钟/组，3~5组）或者使用筋膜枪放松小腿肌肉（2~3分钟）。

泡沫轴

筋膜枪

第四章
跑步路上的拦路虎——损伤疼痛

2）脚踝灵活性训练

脚踝的快度屈伸训练，可以徒手，也可以借助弹力带，适当地给予一定的阻力。

利用弹力带训练，将弹力带绕过脚掌，用双手拉住支撑，维持可以活动但略有阻力的松紧度，快速屈伸脚踝，10~15秒/次，重复2~3次。

3）增加小腿肌肉力量

提踵训练，分为直膝提踵和屈膝提踵，一定要做屈膝提踵，对治愈跟腱炎非常重要。

提踵训练以离心训练为主，增强小腿三头肌对踝关节的控制能力。每组10~15个，中间间隔休息1分钟，重复3~5组。

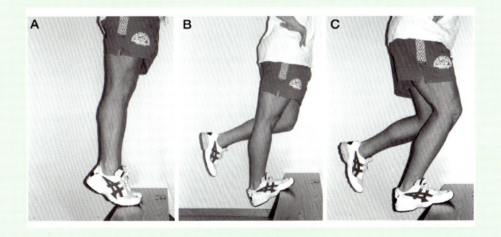

直膝提踵训练：双脚站立于台阶边上，前脚掌踩实，后脚跟悬空，快速跷起脚尖（向心收缩，1秒），在最高处维持3秒，缓慢下放（离心收缩，3秒）至最低处，重复进行。力量增长后可从双脚支撑（A）进阶到单脚训练(B)。

屈膝提踵训练：双脚站立于台阶边上，前脚掌踩实，后脚跟悬空，保持屈膝位置（C），由小腿发力快速跷起脚尖（向心收缩，1秒），在最高处维持3秒，缓慢下放（离心收缩，3秒）至最低处，重复进行。

4）脚踝本体感觉训练

本体感觉训练是增加下肢尤其是脚踝稳定性的方法，而且还可以提升脚踝的控制能力。

A. 单脚站立：上身正直，两手置于体侧或叉腰，患侧膝关节微屈，对侧脚离开地面且不能贴着患侧腿。尽力用脚踝保持身体的平衡。保持平衡60秒/组，重复3~5组。

B. 单脚站立绕"8"字：上身中正，两手置于体侧或叉腰，患侧膝关节微屈，对侧脚离开地面写"8"字。动作要缓慢，并尽力用膝关节保持身体的平衡。写一个"8"字为一次，8~12个/组，重复3~5组。

5）牵拉小腿肌肉

训练后或者跑步后，一定要进行小腿肌肉的拉伸，分为直膝拉伸和屈膝拉伸。直膝拉伸主要是小腿后侧浅层的腓肠肌，屈膝拉伸主要是小腿后侧深层的比目鱼肌。

第四章
跑步路上的拦路虎——损伤疼痛

A. 直膝拉伸：弓箭步站立，牵拉腿在后，保持伸直，且足跟着地，非牵拉腿在前，保持屈曲，利用身体重心前移，增加牵拉强度，拉伸部位有牵拉感。保持30~45秒/组，重复2~3组。

B. 屈膝拉伸：弓箭步站立，牵拉腿在后，保持伸直，且足跟着地，非牵拉腿在前，保持屈曲，利用身体重心前移，当小腿有牵拉感之后再屈膝，牵拉感下移到跟腱部位。保持30~45秒/组，重复2~3组。

4 预防

跟腱炎的问题，预防为上策。比如有足弓塌陷或者已经出现症状的跑友可以考虑定制一双适合自己的鞋垫；平时针对性地强化体能，提高身体素质；养成良好的运动习惯等。

第十节
足弓不能承受之重——足底筋膜炎

无独有偶，跟腱可能会伴随跟腱炎，足底筋膜亦是如此。

足底筋膜是位于足底脂肪层深面的带状结缔组织，起自跟骨，向前止于脚趾，在脚趾部位分为五束。足底筋膜呈扇形，像白色的富有弹性的软垫，固定在足部的两端。足底筋膜，不仅可以帮助我们维持足弓，而且更主要是起到了缓冲的作用。如果我们把足比作弓箭，足底筋膜就是弓箭的弦，"弓弦"有一定的张力，保持拱形。当跑步或者走路的时候，随着肌肉的牵拉，足底筋膜不断地收缩和舒展，像射箭一样把身体射出去，为下肢提供动力。

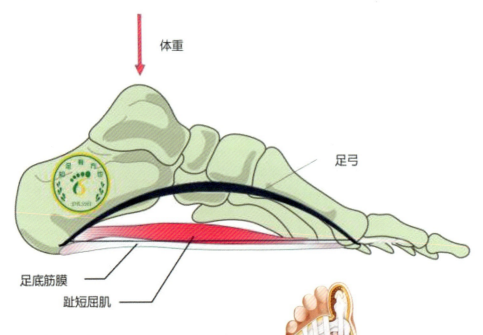

那什么是足底筋膜炎？是不是足底发炎了呢？

足底筋膜炎并非真正的炎症，而是足底筋膜由于受到反复牵扯、过度紧张导致的细微损伤，从严格意义上说是足底筋膜的劳损和退化。

第四章 跑步路上的拦路虎——损伤疼痛

◆◇ 症状表现 ▽▽

1 疼痛部位

跑友多以足跟和足底中部疼痛为主，偶尔也有足趾附近出现疼痛的。

2 典型表现

急性损伤：多为一次性运动量和强度过大，或者是足底踩到硬底等情况出现，足部受力就会出现疼痛，跛行，害怕走路着地；严重的还会出现肿胀。

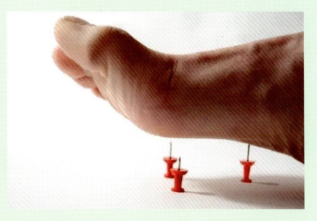

慢性损伤：

（1）早晨醒后下床，迈出的第一步疼痛最明显，多为刺痛，来回走动会有所缓解。因为经过一个晚上的休息，足底筋膜不再负重，会处在较为缩短的状态，而当早晨下床踩地时，会对足底筋膜产生较大、较快的牵拉，进而引起疼痛。

（2）休息一段时间或者足部不负重一段时间后，比如久坐工作、吃饭、看电影等，站立起来行走的前几步，会出现隐隐作痛或者刺痛。

（3）充分活动如行走或跑步后，足底筋膜会变得较松，足部疼痛就会减轻。但是在长距离跑步或者运动后，足底筋膜被反复地负重、牵拉，可能再次出现疼痛。

（4）随着足底筋膜炎的发展，严重的时候做任何负重活动都会出现疼痛，即便是站立都会有疼痛；严重的持续数月或者更久，反复发作，足底出现钙化，就是通常说的"骨刺"。

◆◇ 损伤原因 ▽▽

因中间束只是附着在跟骨与每一足趾的近节趾骨之上，因此当足趾伸展时，跖筋膜即出现功能性短缩。出现足底筋膜疼痛时并没有炎症发生，而是组织发生了退行性改变。足底筋膜炎真正的名字是足底退行性改变。足底筋膜炎病因尚不明确，且病因多样，但风险因素如下。

1 脚踝活动不足

对于跑步而言，脚踝有足够的柔韧性和灵活性，这非常重要。如果脚踝活动度不够，尤其是勾脚尖幅度不够，在运动中足底筋膜一直处于紧张的状态，脚踝便不能得到很好的缓冲，反复地牵扯就容易导致足底筋膜炎的发生。

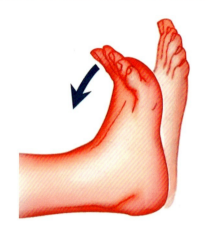

2 小腿肌肉紧张

小腿肌肉的附着点大部分都在足底部，也是足底筋膜的组成部分。小腿肌肉因为运动过量或者负荷过大，肌肉放松不足，导致小腿肌肉紧张，进而影响足底筋膜紧张，也会发生足底筋膜炎。

3 足部形态异常

足部形态异常，包括扁平足、高弓足、拇指外翻等，会使足部承压更大的压力。比如扁平足的跑者，足弓塌陷，拉扯足底筋膜，会造成筋膜发炎，出现疼痛；高弓足的跑者，足底筋膜比一般人紧绷，吸收震荡的效果比较差，长年累积下来会使足底肌肉筋膜疲乏而疼痛，严重的甚至会长骨刺。

第四章
跑步路上的拦路虎——损伤疼痛

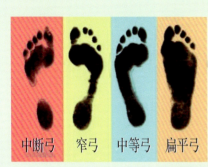
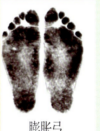
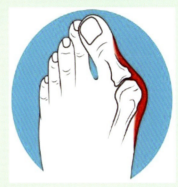

中断弓　窄弓　中等弓　扁平弓　膨胀弓

4 运动不当

经常进行跑步、登山、徒步等过度运动，尤其是突然增加运动量、提高运动强度，足底肌肉和筋膜不能承受额外的运动负荷，从而出现疼痛。因此，循序渐进才是跑友应该遵循的基本运动原则。

5 BMI大于30kg/m² 的人群

超重或者肥胖人群由于体重较大，使得足底承受更大的压力，因此足底筋膜更容易受到过大的牵拉，从而导致疼痛。

备注：BMI（身体质量指数），是评价身体肥胖程度与健康的一个重要指标。

BMI=体重/身高的平方（国际单位kg/m²）

BMI中国参考标准如下表所示。

BMI 分类	参考标准
偏瘦	<18.5
正常	18.5～23.9
超重	≥24
偏胖	24～26.9
肥胖	27～29.9
重度肥胖	≥30
极重度肥胖	≥40.0

6 穿不合适的鞋子

穿的运动鞋过紧、过松或者质地比较硬，缓冲比较差。另外建议每跑500千米~800千米就更换跑鞋，确保跑鞋的缓震与支撑功能。

不要穿凉鞋、拖鞋，因为不能为足部提供较好的支撑。

不要穿高跟鞋，它会使足部受力不均匀，局部受力增大。

第四章
跑步路上的拦路虎——损伤疼痛

◆◇ 自我评估

怎么可以判断自己是否患有足底筋膜炎呢？一般可以从两个方面进行自我评估，一是通过足底筋膜炎的典型症状来判断。典型症状就是第二天早晨起床落地的第一脚疼痛明显，活动后疼痛减轻。二是通过"卷扬机试验"来判断。坐着用一只手握住脚趾，用力让脚趾背伸（勾脚），如果出现疼痛，则说明患有足底筋膜炎。

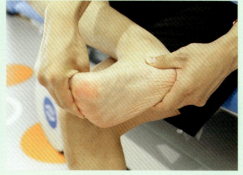

1 牵拉

拉伸小腿三头肌，降低肌肉的紧张程度，可缓解疼痛。

◆◇ 预防与恢复

足底筋膜炎的损伤因素有很多，我们可以有针对性地进行解决，下面具体介绍一下如何康复。

（1）小腿三头肌牵拉：每次拉伸持续3分钟，或进行间歇(20秒)拉伸，每天进行3次训练。

（2）足底牵拉：取坐位，用手抓住脚趾向小腿方向牵拉，直到有足底牵开、舒服的感觉（可用另一侧手触摸筋膜底部的张力）。维持该姿势约30秒，然后放松。重复动作，5次/组，每天进行3组训练。

2 松解足底筋膜

方法：前后来回滚动网球，动作要慢，让足底充分舒展。每组每次3~5分钟，重复3组，每天进行2次训练。

3 强化肌肉力量

（1）足底肌肉力量训练：将一块毛巾放在地面上（也可改抓弹珠），患脚平放于毛巾上，脚后跟着地，用脚趾不断地抓住毛巾，然后放开。每组10~20次，每天进行3组训练。

第四章
跑步路上的拦路虎——损伤疼痛

（2）胫骨前肌力量训练：取坐位，两手体后支撑，患侧下肢伸直，另一侧下肢屈膝，令家人于脚背处给予远离身体的阻力（若无人协助，可购置弹力带，将弹力带做成环形，一端固定，另一端套在脚背处），踝关节用力背屈（即勾脚），慢慢还原，反复进行。每天2组，每组10次。随着能力增加，可逐渐增加至每天3组，每组20次。

（3）离心力量训练：选择适当高度的"小台阶"，上肢给予保护支撑，将前脚掌放于台阶上，缓慢提踵，缓慢下放后脚跟。动作反复进行，10次/组，每天进行3组训练。

4 足弓异常的矫正

跑步前可以测试足弓的类型，确定足弓的问题是先天性的结构问题，还是功能性的问题，然后进行有针对性的解决，比如结构性的问题，建议配一双定制鞋垫，如果是功能性的问题，可以通过康复训练解决。

足底筋膜炎的解决方法除了康复训练以外，还有很多，比如调整跑步计划，配备合适的运动鞋，运动前热身和运动后放松；又如贴肌贴，冲击波治疗，热水泡脚等。

下面我们再看看跑友常见的疑问。

（1）足底筋膜炎吃药行吗？

首先我们还是要强调，足底筋膜炎不是足底筋膜细菌性发炎，但是吃消炎药是否有效呢？回答是肯定的，是有效果的，主要是非甾体消炎止痛药，比如口服布洛芬或者外涂扶他林，可以帮助身体减轻炎症和缓解疼痛，但是不治本。

（2）骨刺是足底筋膜炎的罪魁祸首吗？

骨刺看着就让人觉着疼，所以很多人认为"骨刺"就是罪魁祸首，其实不然。有研究表明，在有足跟骨刺的人群中，63%的人是没有任何疼痛症状的。足跟骨刺是跟骨骨质的增生，有的是因为足底筋膜过度用力、紧张，反复出现细微的撕裂，出于人体的自我保护机制才形成的。

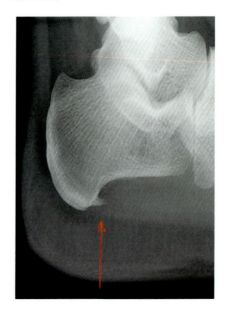

第四章
跑步路上的拦路虎——损伤疼痛

（3）用冲击波治疗为啥效果不理想？

冲击波是一种物理治疗手段，常用于软组织疼痛治疗，而且应用非常广泛。冲击波是一种机械波，通过对疼痛部位的组织进行破坏，让其重新愈合修复。有的跑友用过冲击波治疗，效果还不错，有的跑友则不理想，究其原因就是冲击波只进行局部疼痛组织的治疗，而足底筋膜不仅仅是足底部位，还与小腿的肌肉有密切的关系。足底筋膜炎的治疗，需要整体考虑，除了局部疼痛组织的痛点处理和筋膜放松外，小腿肌肉的松解也必不可少。

第十一节
跑步肩疼折磨人

跑马拉松跑到后半程，感觉肩膀特别不舒服，有时候会延伸到脖子和头部，非常难受。这是我本人2009年跑北京国际马拉松的一次切身感受，非常折磨人，必须停下来使劲揉揉肩膀才能缓解一下。我相信很多跑友也有类似的经历，跑了20多公里出现，跑了30多公里出现，甚至还有的跑了5公里左右就会出现。

跑步肩疼不好受，主要是哪里不舒服呢？

一般肩疼主要出现在肩颈结合处和肩胛骨的内上侧，有的会延伸到颈部肌肉僵硬酸痛，甚至引起头痛。跑步结束后会缓解或者消失，但也有明显加重的。肩疼一般发生在一侧，也有两侧都出现疼痛的。事实上，跑步肩疼并不是单一因素导致的，有一部分原因和我们跑步的姿势有很大关系，也有一部分原因和我们日常生活中的肩疼或者不良习惯有关系。

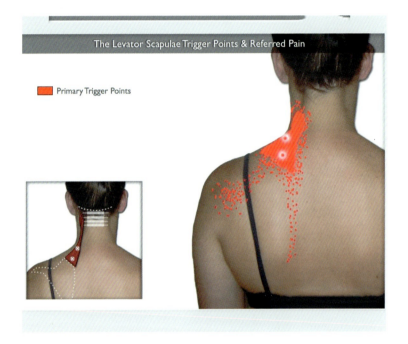

◆◇ 病因

1 跑步时耸肩

跑步的时候"架着肩"跑，多出现在跑步新手身上，如跑步的时候过于紧张，或者跑步比较疲惫的时候。跑友在这个过程中并无察觉，是一种不自主的耸肩代偿，直到肩疼的时候才会意识到。跑步耸肩情况一般都会伴随探颈一起出现，这种跑步方式除引起肩部疼痛外，还可能造成腰椎局部负荷过大，导致腰疼。

第四章
跑步路上的拦路虎——损伤疼痛

2 跑步时掉肩

我们的肩膀是固定在躯干上的，躯干稳定肩膀才能稳定。然而在跑道上，我们经常见到跑友跑步时身子左右摇晃，双肩下沉、摆来摆去，这便是"掉肩"跑步。正常情况下，我们的躯干在任何移动过程中都应该像一个"板"一样，保持很稳，肩膀才能有很好的固定点。一旦核心不稳，脊柱失去了稳定性，加上肩膀周围的固定肌肉不能很好地工作，当在跑步过程中单腿落地的时候，脊柱便会偏离中立位，上半身中与之相连的肩膀（肩胛骨）也将产生偏移。长此以往，除了引起肩部疼痛之外，还可能引起腰背部的不适。

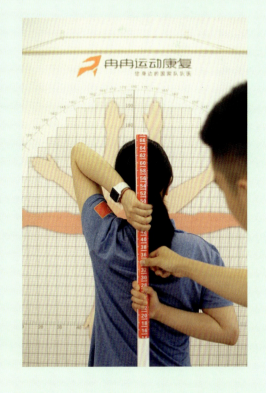

3 肩膀的柔韧性差

跑步摆臂需要肩关节具备良好的关节活动度。肩膀的柔韧性或者关节活动度比较差,势必会限制摆臂的幅度,就会增加摆臂肌肉的负担,时间久了造成肌肉的过度疲劳,引起疼痛。

4 跑步时弓背

跑步的时候需要保持脊柱良好的姿势,如果出现低头含胸、弯腰驼背等不良姿势,会造成肩颈部和胸背部的肌肉失衡,局部肌肉发力过多,张力过大,不利于肌肉的正常发力,持续久了便会出现肩疼。

5 不良的工作习惯

平时工作的时候,就有含胸驼背、耸肩等不良习惯,造成不良的体态,引起肩颈部周围的肌肉紧张、僵硬。工作

久了出现疼痛,休息一下可能会缓解。在跑步的时候,这种问题被放大了,所以跑步时的疼痛加剧。

第四章
跑步路上的拦路虎——损伤疼痛

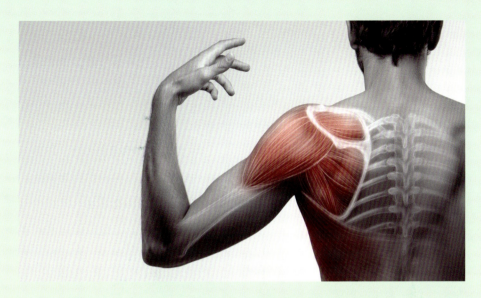

跑步的时候出现肩膀紧张难受或者疼痛，我们该怎么办呢？

这时候可以停下来，在原地做耸肩动作，耸肩的时候尽力耸到最高点，然后随着呼气，快速自然地放松下来，可以做8~10个/组，做2~3组。也可以通过手法按摩下肩膀周围僵硬的肌肉，可以大点力度，有点疼痛感。

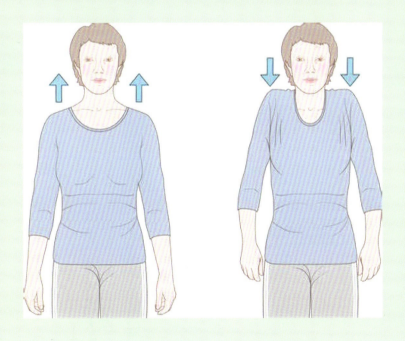

◆◇ 恢复与预防 ◇◆

1 保持正确的摆臂姿势

跑步的时候，上半身竖直，略微前倾。摆臂的时候始终保持屈肘90度左右，摆臂幅度不能过大，也不能往外摆。

2 强化肩部的稳定肌肉

肩部稳定肌肉的强化是解决疼痛的重要手段。平时注意锻炼肩袖肌群（肩袖肌群，位于肩膀的周围，是稳定肩关节的重要肌肉，可以通过"招财猫"的动作进行训练，12~15个/组，重复3~5组。三角肌是摆臂的重要发力肌，可以通过肩膀的外展、前屈和后伸，分别强化三角肌，15~20个/组，重复2~3组。上述训练可以根据难易程度，借助弹力带或者小哑铃来增加阻力。

3 改善肩部的柔韧性

在加强肩部力量的同时，不要忽略肩部的柔韧性。改善肩部的柔韧性，一是可以提升肩部的灵活性，摆臂的时候更加舒展、流畅；二是放松肩膀周围的肌肉，尤其是肩膀上方的斜方肌、肩膀外侧的三角肌和上臂后侧的肱三头肌。如果想进一步放松肩膀，建议胸前部的肌肉也要充分地拉伸放松。拉伸的时候保持放松，感觉到有牵拉感，每个动作可以拉伸20~30秒，重复1~2遍。

第四章
跑步路上的拦路虎——损伤疼痛

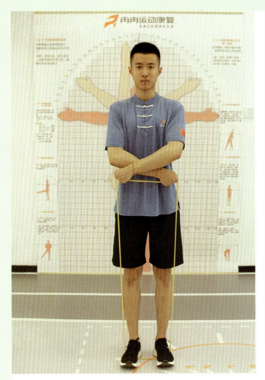

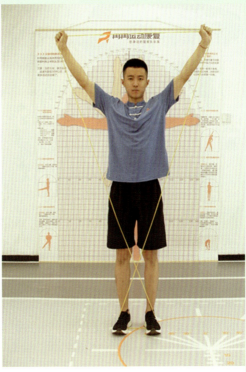

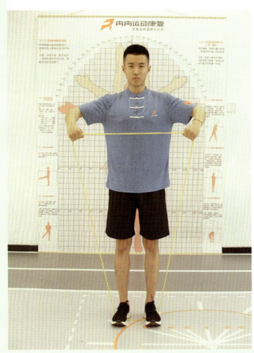

放松斜方肌

放松三角肌

第四章
跑步路上的拦路虎——损伤疼痛

放松肱三头肌

放松胸部肌肉

4 强化核心力量

强化核心力量,为肩膀提供稳定的锚点,才能让摆臂有很好的支撑。核心力量的强化训练可以采取臀桥、平板支撑、侧桥等静态训练,僵虫激活、半跪砍等在核心稳定控制下的肢体运动,以此提升整个躯干的稳定性。

第十二节
跑步腰痛,你经历过吗

我们知道跑步是以下肢运动为主的运动,但是很多跑友都有腰痛的经历,而且跑步腰痛的人越来越多。为什么会出现腰痛呢?刚开始时可能是腰部发紧、不舒服,后来出现疼痛,还会越来越严重。如果不重视腰痛的问题,很可能会引发严重的后果。

第四章
跑步路上的拦路虎——损伤疼痛

◆◇ 病因 ▽

跑步虽然是以下肢运动为主，但是身体需要腰部的稳定支撑，上下肢的力量传递需要腰部作为枢纽。如果运动不当，就会出现腰痛。跑友出现腰痛的原因很多，主要有以下几点。

1 跑姿不正确

大部分跑友出现腰痛都是因为不正确的跑步姿势，比如跑步过程中腰部或臀部扭动幅度过大，跑步的时候弯腰、驼背，低着头看着地面跑，或者跑步的时候身体明显主动前倾，增大腰背部肌肉的紧张程度。这些错误姿势都会导致腰部肌肉负担增大，时间长了容易出现腰痛。

作者冉令军参加2014年北京国际马拉松

2 核心力量不足

腰部核心力量在跑步过程中起到非常重要的作用：一是稳定腰椎和骨盆的位置，确保在跑步过程中保持良好的身体姿势；二是将上肢和下肢的力量做很好的衔接、传递，转变成向前的动力。如果核心力量不足，则会消耗更多腰腹部肌肉的力量来代偿。

3 屈髋肌群过紧

屈髋肌群主要是腹部前侧的髂腰肌和大腿前侧的股四头肌。屈髋肌群紧张会增大肌肉对腰椎向前的拉力，从而增大腰椎的负荷。同时，跑步的时候因为屈髋肌群紧张，会限制髋部的灵活性，不能充分地屈髋和伸髋，动作不够舒展、流畅，造成腰部冲击力加大。

4 腰部本身疾病

很多跑友因为久坐或者其他原因，患有腰肌劳损或者腰椎间盘突出等腰痛，跑步中脚落地的瞬间对身体产生一定的冲击性，会导致腰痛。再加上腰部力量薄弱、运动强度较大，很可能会加重腰痛。

5 其他因素

穿不合适的鞋子，跑的道路比较硬、崎岖不平，跑步前不做热身，以及跑步强度过大等，都会增加腰部的冲击力，导致腰部过度用力，出现腰痛。

第四章
跑步路上的拦路虎——损伤疼痛

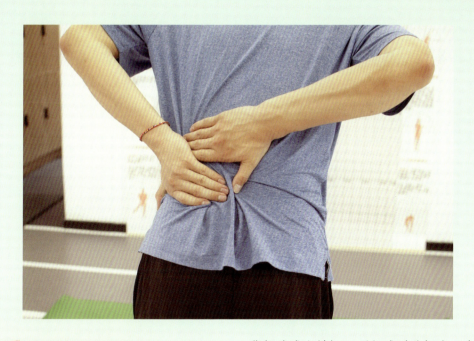

◆◇ 恢复与预防 ▽

1 纠正错误的跑姿

保持头部和肩膀的稳定。头摆正，两眼注视前方。肩部自然舒展，避免含胸。

上身保持自然直立，而非前倾（除非加速或上坡）、后仰或过分挺直，有利于呼吸、保持平衡和步幅。肌肉稍微紧张，维持躯干姿势，身体不要左右摇晃或上下起伏太大。腿迈步时积极送髋，跑步时要注意髋部的转动和放松，同时注意缓冲脚着地的冲击。

171

2 形成良好的运动习惯

跑步的时候穿上合适的运动鞋，尽量避免坚硬的路面。跑步前一定要做热身，将全身的肌肉调动起来，运动后积极拉伸放松。

3 积极康复腰部疼痛

如果原本就有腰部的疼痛，需要先将腰部的问题康复好，然后再去跑步或者慢跑，一定要避免高强度的运动。

第四章
跑步路上的拦路虎——损伤疼痛

4 加强核心训练

训练初期，可学习如何控制自己的身体，让身体维持脊柱中立的状态。无论你是跑步大神还是普通跑者，都应该着重训练各种平板支撑的变式，去锻炼躯干抗伸、抗屈、抗侧旋的能力。

1）平板支撑

作用：锻炼核心肌群。

动作要领：俯卧位，将双肘置于双肩落点下，眼睛看地面，保持颈部自然伸直；将肩膀、臀部、膝盖、脚踝保持在一条直线上，脚尖脚跟并拢，大腿小腿内侧夹紧，双腿伸直，臀部收紧；同时将腹肌收紧。尽量长时间内维持住此姿势，休息充分后再进行相同的动作。

动作呼吸：过程中保持均匀呼吸。

动作感觉：身体前后侧会有明显发力感。

动作强度：3~5次/组，每天进行3组训练。

2）侧平板

作用：锻炼核心肌群。

动作要领：保持两脚可以一前一后侧卧于瑜珈垫上，用肘先把上身撑起来，然后向侧上方拱胯部，继而把整个身体撑起来，注意使肩膀、臀部、膝盖、脚踝保持在一条直线上。尽量长时间内维持住此姿势，充分休息后换边再进行相同的动作。每天进行3组训练，每组3~5次。

动作呼吸：过程中保持均匀呼吸。

动作感觉：侧腹会有发力感。

动作强度：3~5次/组，每天进行3组训练。

训练后期，针对不同部位进行强化训练。

3）腹部

作用：锻炼腹直肌。

动作要领：仰卧于地面，双膝弯曲90度，脚平放在地面上。双手交叉于胸前，沉肩收腹，下颚微收，保持腰部固定。缓慢呼气的同时将肩胛骨抬离地面，之后缓慢吸气，将身体下放至肩胛骨贴于地面。

动作呼吸：吸气准备，抬起，吸气下放。

动作感觉：腹部会有发力感。

动作强度：15~30次/组，3组/天。

4）腰部/臀部

作用：锻炼腰部/臀部肌肉。

动作要领：俯卧于地面，用力挺胸抬头，双手向前伸直，同时将膝关节伸直，两腿向后用力，使头、胸、四肢尽量抬离地面。维持该姿势3~5秒，休息同等的时间后再进行相同的动作。

动作呼吸：吸气准备，抬起，吸气下放。

动作感觉：腹部会有发力感。

动作强度：20~40次/组，3组/天。

对于屈髋肌群过于紧张的人群，首要任务是放松屈髋肌群。

5）放松屈髋肌群

作用：锻炼腰部/臀部肌肉。

动作要领：弓步立于地面，左右脚放置在一前一后的位置，注意前腿膝盖不要超过脚尖。腰背部保持直立的同时，缓慢地使躯干部向前移动至后腿腹股沟位置出现明显的牵拉感，维持该姿势3~5秒。

动作呼吸：吸气准备，呼气缓慢用力。

动作感觉：腹股沟周围会有拉伸感。

动作强度：30~50次/组，3~5组/天。

第十三节
神奇贴布，做好疼痛防治

运动损伤与其相应的运动项目紧密联系。就跑步来说，运动损伤主要集中在下肢，并且以劳损、退变性损伤居多。在跑步风潮兴起的这几年中，90%以上的跑友是慢性损伤，如髌腱末端病、髂胫束摩擦综合征、足底筋膜炎等。康复办法在前面几章中已详细阐述，接下来就给大家分享一个"未雨绸缪+亡羊补牢"的好法子——防护性贴扎。

电视转播里，我们经常会看到运动员身上贴着各种花花绿绿的"胶布"。这既不是潮流，也不是为了好看，而是为了防伤。这种"胶布"学名为"肌内效贴"，也称为"肌贴"。

肌贴在20世纪70年代起源于日本，发展于欧美，而国内对肌贴的认识则始于2008年北京奥运会。肌贴是一种带有弹性的超薄透气胶带，有不同的宽度、颜色和弹性，可以根据需要剪切成不同的形状，贴在需要治疗的皮肤、肌肉和关节上。与传统的膏药或药布相比，它极大地降低了皮肤过敏的概率，且不限制各关节的活动。

肌贴主要有三个方面的治疗作用：①缓解疼痛；②改善循环，减轻水肿；③支持、放松软组织，增强关节稳定性。

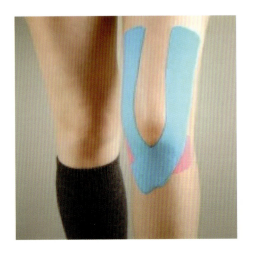

第四章
跑步路上的拦路虎——损伤疼痛

那么针对跑步损伤，我们又该如何使用呢？请记住一个原则："痛点覆盖横着贴，支撑顺着肌肉来。"也就是说，对于有明确痛点（如膝盖前下方疼痛）的，我们需要对其进行横向加压，包覆住痛点，如图展示。而遇到需要放松或者给予一定支撑的部位，我们就得顺着肌纤维走向来贴扎了，从上往下还是从下往上不重要，只要给它一定拉力，贴附住皮肤就够了。

关于肌贴的剪切形状，其实并无太多要求，依据关节形状和贴扎便携度灵活运用就好。无论是作为赛前防护还是作为赛后放松恢复，贴扎都可以作为康复治疗师们、跑友们首选的自我保护途径之一。常备一卷在身上，该用即用，何乐而不为呢？

第五章

女性跑者需要知道的两件事

第一节
跑步对月经的影响

纵观人类进化史,在繁衍生命这个神圣的"使命"中,女性与男性从一开始便被赋予了不同的角色。除去社会地位、分工、责任等因素,先天的生理差异是与其直接关联的原因。随着人类的发展,大家也都从古老的认知里慢慢进步,譬如不再把女性月经当作不祥之物,不再认为它"不干净"。

众所周知,月经是女性子宫内膜在卵巢激素的作用下发生的周期性子宫出血现象,即子宫内膜脱落。通常正常的月经周期为28天,月经期(即出血期)持续约4~7天,当然,具体时间也会因个体差异而有所不同。

虽然大家对生理期的认知已经客观了,但想必还是会时常听到"到生理期就该躺着不动""处在生理期,身子会虚弱,得养""生理期就要避免运动,这样才能更好地减轻生理痛"等说法。那么究竟在这些特别的日子里,运动对身体会产生什么影响呢?经期是否会影响运动表现呢?其相互间的关系又是怎样的呢?我想,但凡一个"上瘾"了的女性跑者,都迫切想知道答案。

其实,研究证明:女性在生理期进行适度的运动对身体来说,是利大于弊的。但前提是——适度。何谓适度?谨记两个原则:①适量;②适时。"适

第五章 女性跑者需要知道的两件事

量"是指不过量，忌大强度。比如低速跑、健步走、瑜伽等运动值得推崇，而诸如网球、短跑、马拉松等运动理应禁止。"适时"则更强调运动的时机，通常来讲生理期前三天（尤其是第一天）最好避免中、高强度运动，往后可根据个人身体情况而适当加量。因为在生理期前三天子宫内膜逐渐脱落，出血量增加到最大，中、高强度的运动可导致代谢紊乱，同时会增加下腹的坠胀感，引起生理、心理上的不适。

如果说做到了适时且适量，那么在生理期内运动具体能带来哪些好处呢？

1 改善盆腔的血液循环

通过低强度或者说柔和的运动，盆底肌、髂腰肌、腹侧深层肌群等能被激活，不断"收缩—舒张"，对子宫有一定按摩作用，以此改善盆腔周围的血液循环。

2 使心情愉快

运动能刺激大脑神经，分泌更多的多巴胺与内啡肽，使人兴奋，心情愉悦。

3 有利于健康运动习惯的养成与保持

试想，一个运动频率为5~6次/周的女性跑友如果仅因为生理期而停止当周运动，那她是否会难受，感觉节奏被打乱呢？反之，如果在经期适度进行慢跑，那么整个运动周期便不会"掉链子"，同时也减少了偷懒的机会，促进健康习惯的养成。

友好且客观地对待女性的"好朋友"。女性本该如此，男性也理应在此期间更好地关爱她们。如遇"黑天使"降临，还请诸位坦然面对，别懊恼，调整自己的运动方式，轻松度过。

第二节
如何选择合适的运动文胸

1 运动文胸与普通文胸的联系

运动文胸是在文胸的基础上衍生而来的，基本功能与普通文胸无异，都起到支撑、保护的作用。与普通文胸不同的是，它专为女性运动设计。其特征是轻重量，贴体，弹性、透气性良好，另一层重要功能则是在女性运动时通过良好的束缚来限制乳房的移动，避免乳房各肌肉、韧带、腺体等因不断地震荡而损伤，最终达到运动中乳房与身体融为一体的效果，从而改善运动者的运动状态，提高运动成绩；同时避免乳房晃动带来的尴尬，减轻心理负担。

2 运动文胸对于女性跑友而言到底有多重要？

众所周知，跑一场马拉松除了是对参与者体能、毅力的重大考验外，还是对参与者心理调节、生理适应能力的一种折射。就"生理适应"这点来讲，男同胞们需要克服"磨裆""磨腋下"等不适，而女同胞们还需忍受乳房移动所带来的煎熬。

调查显示，56%的女性在进行长距离跑步时会感到乳房疼痛。这种疼痛产生的来源主要有两点：①乳房组织不断地移动所引起的；②乳头与衣服摩擦所致。从生理解剖来看，女性的乳房本身是没有任何强韧的内部结构支撑其重量的，之所以能保持长期的挺立形态，主要依赖于自身各肌肉、韧带、腺体和皮肤的牵拉作用。若是乳房长期处于反复移动的状态，则会对周围皮肤、韧带

第五章
女性跑者需要知道的两件事

等软组织造成过度牵拉；如果不加以限制、保护，长此以往，便会导致乳房下垂甚至造成乳房腺体、韧带拉伤，损害乳房的健康。同时，在跑步过程中，乳房过分地移动，也会使跑友感到尴尬。

澳大利亚运动研究所曾对女性在裸胸、穿着普通文胸和运动文胸三种状态下运动时人体感受到的"由于乳房的运动造成的不舒适感"进行分析，于跑步而言，女性乳房对身体的相对运动为垂直面内的震动。研究表明：在整个运动阶段中，乳头的移动最为明显，可近似地代表乳房移动的情况；而乳房的外部支撑（即佩戴文胸）在很大程度上减少了乳房垂直方向的位移，并且也减小了乳房移动的速度，从而降低了乳房的疼痛感。对比其他种类的文胸，运动文胸缓解效果更佳。在穿着运动文胸的情况下，乳房垂直方向的运动位移是裸态下的50%；普通文胸的作用仅为运动文胸的1/2。如果说普通文胸是女性在日常生活中的好朋友，那运动文胸便是女性在运动时的保护神。

3 运动文胸如何发挥作用？

其实无论在日常生活中还是跑步运动时，乳房的保护都离不开文胸的"托举"。只是普通的文胸借助钢圈，运动文胸巧借肩带和下托的力。单从托举效果来说，钢圈更为固定，但由于市场上绝大部分文胸的钢圈都是二维设计，而女性的乳房根部是三维弧形，故而在运动中，如果佩戴普通文胸会对皮肤的压力增加，不利于乳房周围的血液循环。反观运动文胸，虽然直接托举的效果稍差，但如今它们的肩带设计多呈"X"形，即交叉绕过背部止于前胸。这样的设计一来加强了对运动文胸的托举、固定，二来避免了对肩胛骨内侧缘的摩擦，同时还可防止溜肩吊带。二者相比，运动文胸综合的托举效果优于普通文胸。

"保护女性乳房，避免疼痛"除了要求文胸具有良好的托举效果外，还应具备一定的压力。一个是垂直身体向里的力，另一个则是防止其向四周扩张的力（这一点在运动中尤为重要）。用一句话总结便是：减少乳房的相对位移，使其尽可能与身体贴合。普通文胸所采用的布料无弹力，它给予压力的方式主要依赖于为平衡乳房下垂重力的反作用力；而运动文胸的布料选取都是具备一定的弹力，能从各个方向施加压力，也能均匀地卸力，使乳房能更好地贴于胸壁，也能在上下震荡中起到缓冲作用。即便在运动中，其压力也足够用来维持形态，而其弹力也足够用来缓冲张力。

还有一个困扰女性跑友的问题：出汗量大。一场马拉松下来，毫不夸张地说，衣服都可以拧出汗了。而运动内衣是贴身穿着，故而要求更高。从面料成分来看：普通内衣多以棉料、亚麻为主，配以蕾丝点缀，讲求美观、性感；而运动内衣的面料成分则复杂得多，除需要棉料负责吸汗外，还应由涤纶等复合的化纤材料充分排汗，同时在设计中平衡密实纹理（束缚乳房）与透气网眼（保持清爽）的关系。所以好的运动文胸是兼有舒适、贴体、吸汗、排汗、透气等功能的。内层吸汗，外层排汗，而夹层、背部结构行使透气功能。

4 如何挑选合适的运动文胸？

最主要的因素有二：①舒适度；②运动强度。

舒适度具体细分可以从合身效果、稳定性、透气性三方面来衡量。

论合身效果，首先得考虑罩杯。平时穿着内衣的罩杯可作为一个参考值，但不能完全与运动文胸的罩杯对等（因为设计原理、材质组成不一）。购买之前尽可能前往实体店试穿，保证整个乳房被完全包裹住，同时无副乳溢出；尝试做几个扩胸运动，无过多压迫感；将手指置于乳房根部，向腋下滑动，全程都能轻松地移动而不至于"勒肉"；双侧肩带无紧迫感，背部贴合牢固。

稳定性则指的是"托举"效果以及内衣压力。在试穿过程中可模拟跑步时摆臂、原地跳跃，观察文胸的固定性，即向上下、四周的晃动范围越小越好。另外，鸡心位置偏高，托举效果更佳。对于体重较大或者罩杯超过C的女性来说，在稳定性考量这一块还可以结合肩带宽度。通常，肩带宽度越宽，提拉效果越好，其稳定性也越佳。

透气性一般来说可以从文胸标签上获得，拒绝纯棉材质与无棉材质；再者，观察背部纹理，以交叉罗纹结构设计为宜。

除了考虑舒适度外，挑选时还有一个重要因素：运动强度。结合自身的运动项目、爱好进行合理的选择。通常我们将徒步、瑜伽、公路骑行归为低强度运动；滑雪、乒乓球、山地骑行归为中等强度运动；长跑、健身（操）、网球、篮球、羽毛球等归为高强度运动。相应地，分别对应运动文胸中的中等支撑（medium support）、强度支撑（high support）、超强支撑（maximum support），此类标注在包装上都有所说明。不同的运动内衣品牌都会有自己支撑性的分类，女性可根据自身情况和品牌情况进行科学选择。

5 运动文胸的清洗与保养

运动文胸作为女性的贴身衣物，在此，我们建议穿着后用温水进行手洗。切忌脱水、烘干、大力拧干。正确的做法是将其折叠，双手合十挤走大多数水分，再用干毛巾包裹，吸取多余水分，最后用衣物夹夹住底围部，倒挂晾晒。运动文胸的寿命一般在半年到一年之间，如长期穿着后出现变形、托举效果不佳等情况，应及时更换。关爱自身乳房健康，请别将就。